ディスコース分析の実践

メディアが作る「現実」を明らかにする

編著＝石上文正・高木佐知子
著＝稲永知世・相田洋明・冨成絢子・仲西恭子

くろしお出版

目　次

まえがき　iv

ミステリー小説をフェアクラフ理論によってメタ分析する
石上　文正 1

企業のウェブページにおける批判的談話分析
高木　佐知子 37

New York Times の英日 Royal Baby 誕生報道記事の比較
―伝達、インフォーマル化、ナラティブの観点から―
相田　洋明 61

豪紙 *The Age* の社説に見られる説得戦術
―オーストラリア社会における庇護希望者の問題―
仲西　恭子 81

五輪サッカー報道にみられるジェンダーとナショナリズム
―2012 年ロンドン五輪の新聞記事分析―
冨成　絢子 103

社説記事では少子化「問題」がどのように語られているのか
―スタイル (styles) に焦点をあてて―
稲永　知世 139

高校の英語教科書をディスコース分析する
石上　文正 175

索引　205

まえがき

　私たち6人の執筆者は、日本メディア英語学会メディア英語談話分析研究分科会に所属している。この分科会は、2002年11月29日に第1回目の研究会を開催して以来、すでに14年弱活動してきていることになる。これまでに、分科会として、『批判的談話分析(CDA)の手法と展望──イラク関連記事の分析を中心に──』(社団法人日本時事英語学会談話分析研究分科会)を2005年に刊行、2012年には、『ディスコースを分析する──社会研究のためのテクスト分析──』(ノーマン・フェアクラフ著、くろしお出版)を翻訳刊行した。この理論書の翻訳を機に、私たち自身の実践編を出版しようという機運が盛り上がり、数年の準備を経て、なんとか出版にこぎつけることができた。

　今回収載されている論文は、執筆者が分科会で発表し、メンバーのさまざまな意見や批判を吸収した結果である。その意味で、各論文は、個人の執筆ではあるが、メンバーのさまざまな考えが集約されたものでもある。ただし、当然ではあるが、各論文の文責は各執筆者に帰する。

　ことばは、他者と理解しあうための道具だが、嘘をつき、真実を隠すためにも用いられている。それも無意識的に行われる場合が多い。この論文集は、さまざまなメディアがことばを用いて構築している"現実"が、いかなる姿をしているのかを、批判的談話(ディスコース)分析の手法、とくにフェアクラフの理論を用いて明らかにしようとする試みである。

　本書は、フェアクラフの『ディスコースを分析する──社会研究のためのテクスト分析──』の章立て構造にならって、基礎理論、ジャンル、ディスコース群、スタイルの順にほぼ配置してある。下記の論文タイトルの後の括弧内の表示は、どの領域の分析が主要であるかを示している。なお、ジャンルに焦点を当てた論文はないが、ジャンルに言及しない論文がないということではない。ここで、収載されている7論文を要約しておこう。

石上論文:「ミステリー小説をフェアクラフ理論によってメタ分析する」
　　　　（基礎理論）

　同論文の目的は、フェアクラフの基礎理論が、探偵役の主人公の推理をどの程度記述・分析できるかを明らかにすることにある。つまり、フェアクラフ理論の有効性を試すことである。探偵役の主人公は、社会分析とディスコース分析を用いて事件を解決していくが、論文では、その推理をフェアクラフ理論を用いて記述・分析していく。なお、標題中の「メタ分析」とは、探偵の分析を、著者が分析するという意味である。興味深い点は、意味はテクストにのみ見出すことができるのではなく、違反や逸脱にも見出されるという指摘である。名探偵は、そこに注目しているらしい。

高木論文:「企業のウェブページにおける批判的談話分析」（ディスコース群）

　同論文は、Japan Tobacco International のウェブページにおいて、事業に関する企業の理念や戦略がどのように提示されているのかを分析している。テクストにおける「危険性ディスコース」や「責任ディスコース」などのディスコース群の節合によって、企業の商品開発や社会への配慮という社会的実践がどのようになされているのか、喫煙と健康の観点においてどのような現実が構築されているのかが明らかにされた。そして、「たばこ」という商品を扱う企業のビジネス広報における営利性・公共性・社会性についての表象が示された。

相田論文:「*New York Times* の英日 Royal Baby 誕生報道記事の比較―伝達、インフォーマル化、ナラティブの観点から―」（基礎理論、スタイル）

　同論文は、*New York Times* 紙が英日の royal baby（ジョージ王子と愛子様）誕生をその生誕翌日に報じた記事を、伝達の仕方、インフォーマル化、ナラティブの観点から分析し、その類似と相違を明らかにすることが目的である。フェアクラフの主張とは違い、伝達が必ずしも開放性をもたらさないこと、英王室にはインフォーマル化の意図が目立つが日本の皇室にはその傾向は皆無であること、ナラティブの構成には共通点がみられることなどの結論

を得ている。

仲西論文:「豪紙 The Age の社説に見られる説得戦術―オーストラリア社会における庇護希望者の問題―」(スタイル、ディスコース群)

　同論文の目的は、庇護希望者の受け入れをテーマにした豪日刊紙 The Age の社説をフェアクラフ理論を中心に用いて分析することにある。世論が難民強硬策支持に傾くなか、庇護希望者の受け入れを訴える同社説が、いかなる手法を用いて、オーストラリア国民の説得を試みていたのか、その説得のための基盤となる価値観が何であったかを明らかにしている。多くの読者は、The Age が用いたその価値観の基盤を知って、納得するのではないだろうか。

冨成論文:「五輪サッカー報道にみられるジェンダーとナショナリズム―2012年ロンドン五輪の新聞記事分析―」(ディスコース群、スタイル、コーパス分析)

　同論文は、2012年ロンドン五輪のサッカーの日本の新聞報道において、日本の男子代表チームと女子代表チームの記事を分析することで、ナショナリズムとジェンダーの関係性を探っている。フェアクラフを中心とした批判的談話分析の理論を援用し、五輪期間中に発行された『読売新聞』の記事で使われていた語彙を中心に分析を行った。分析の結果、男子の記事と女子の記事では、ナショナリズムの描かれ方に違いが見られ、男子の記事のほうがナショナリズムを強調していることがわかった。この論文は、批判的談話分析という質的分析とコーパス分析という量的分析を融合した論文である。この種の論文は、日本ではあまり多くはなく、今後のこの種の研究にも光を当てることであろう。

稲永論文:「社説記事では少子化「問題」がどのように語られているのか―スタイル (styles) に焦点をあてて―」(スタイル)

　同論文は、『朝日新聞』、『毎日新聞』及び『読売新聞』3紙の社説記事のオーサーが、「少子化原因ディスコース」、「少子化影響ディスコース」、「少

子化対策ディスコース」の三つのディスコース群において、どのようなスタイルを選択して、少子化「問題」に対する意見表明をしているのかを明らかにしている。結論として、ディスコース群（表象）の違いが、オーサーのスタイル（アイデンティティ）の違いとして表れていることを指摘している。

石上論文：「高校の英語教科書をディスコース分析する」（フェアクラフ理論全体）

　同論文の目的は二つある。第一は、フェアクラフの理論を高校で使用されている英語の教科書に適用し、その英文を、細かく分析・記述することである。この分析を通して、読者のフェアクラフの理論への理解が深まることが期待されている。もう一つは、フェアクラフ理論による教科書分析を通して、教科書の内容ばかりでなく、ことばそのものの深さを実感してもらうことである。この論文では、フェアクラフの理論のさまざまな手法や適用方法などが多く紹介されているので、実際の授業にも資すると思われる。

　私たちは、本書が用いている批判的談話分析という手法は、さまざまな"現実"を分析するために重要な役割を果たすと信じているし、さらに、ことばに関わる教育現場でも、生徒の理解を深めるのに資すると信じている。本書が、ことばに関する読者の皆様の理解をさらに深めることを願ってやまない。

　最後に、本書の企画をご快諾いただき、最後までご尽力いただいたくろしお出版の池上達昭氏に深く感謝申し上げる。

石上　文正
高木　佐知子

【キーワード】差異（違反・逸脱）、秩序とカオス化、探偵小説、社会とことば

1　はじめに

　ノーマン・フェアクラフ（Norman Fairclough）は、批判的ディスコース分析を主導する理論家で、数々の本を出版している。それらの本において、彼の理論は変化してきている。彼の比較的最近の著書のなかで、*Analysing Discourse*（2003）（邦訳『ディスコースを分析する』（2012））は、体系的に優れていると考えられる。とくに社会とことばの関係の基礎的な体系化、つまり、社会分析とディスコース分析の体系化が優れていると思われる。

　本稿の目的は、フェアクラフの基礎理論を実際のディスコースに適用し、そのディスコースをいかに記述できるかを示すことにある。本稿では日本推理作家協会賞の受賞歴があり、2015年には2年連続ミステリー小説ランキング国内部門で3冠を達成したミステリー作家の米澤穂信の小説「心あたりのある者は」（『遠まわりする雛』角川書店、2007年所収）を分析対象とする。この小説は、高校生の主人公が、校内放送をディスコース分析と社会分析することによってミステリーを解決するというものである。他の小説に比

---

1) 本稿は、2013年3月10日、関西外国語大学における「日本メディア英語学会　西日本地区研究例会・三研究分科会合同シンポジウム」において「アニメ『氷菓』の主人公のディスコース分析の批判的ディスコース分析」と題して行った発表、および2014年8月30日、金城学院大学栄サテライトにおける「日本メディア英語学会夏季セミナー」において「社会と言語の一体化」と題して行った講義・ワークショップで配布した資料の一部を基にしている。

べ、ディスコース分析の部分が多いので、フェアクラフ理論の検証には、とくに適していると考えられる。なお、この小説は、テレビ・アニメーション化され、『氷菓』(監督：武本康弘、京都アニメーション制作)というシリーズものの第19話としても放送され、漫画化、DVD化もされている。

2　分析手法および先行研究について

　この「心あたりのある者は」はミステリー小説としては、かなり特異である。探偵役の主人公が通っている高校の短い校内放送を、主人公がディスコース分析と社会分析を通じてミステリーを解いていくというものである。この放送は生徒を呼び出すという、単純なものだが、その推理の鋭さに驚かされる読者が多いだろう。

　本稿の目的を達成するために同主人公が行ったディスコース分析と社会分析を、フェアクラフの基礎理論を用いて記述する、つまり、分析の分析という意味で「メタ分析」する。少し具体的に言えば、主人公のさまざまな推論を命題化することによって細分化し、その単位を確定し、それぞれおよび各単位間の関係をフェアクラフの基礎理論の概念を用いて記述する。この作業によって主人公の分析手法が、理論的に整理され明らかになれば、フェアクラフの基礎理論が、限られた事例ではあるが、それなりに有効であると言うことができるであろう。

　本稿では、二つのメタ分析を行う。まず主人公の分析・推理を、基本的に時系列的に分析する。これを第一メタ分析とする。そして、その結果をさらに分析する。これを第二メタ分析とする。

　ミステリー小説を題材にし、さらに推論を命題化し、それを推理の流れにそって、フェアクラフ理論もしくは批判的ディスコース分析の概念で記述するという手法を用いた先行研究は知る限り見当たらない。

3 フェアクラフの「基礎理論」について

本稿で、フェアクラフの「基礎理論」という言い方をしているが、フェアクラフ自身がそのように述べているわけではなく、筆者がそのように位置づけているにすぎない。

3-1 社会とことば

フェアクラフの「基礎理論」は、次のようにまとめることができるであろう。

①ことばを社会の基本的要素として位置づけている
②人が話し、書くに至るメカニズムを構造的に示し、体系化している

フェアクラフは、上記の理論的特徴を下記の表1のように考えている。なお、表1では、「言語」と「ことば」を使い分けた。フェアクラフは、「言語」を構造的なものとして捉えているので、それとの違いを示すために、そのような意味を必ずしも強調していない、一般的な意味でのことばとして、ここでは「ことば」を用いた。

表1 社会とことばの関係

社　会	こ　と　ば
社会構造 (social structures)	⊃ 言語 (languages)
社会的実践 (social practices)	⊃ ディスコースの秩序 (orders of discourse)
社会的出来事 (social events)	⊃ テクスト (texts)

表1は、フェアクラフ (2012: 30) の表に修正を加え作成したものである

表1では、上段にある項目は下段よりも抽象度が高い。フェアクラフは、社会構造、社会的実践、社会的出来事の関係について次のように述べている。

社会構造は可能であるものを規定し、社会的出来事は実際に生じることを構成する。そして、可能であるものと実際に生じることのあいだの関

係は社会的実践によって媒介される。　　　（フェアクラフ 2012: 310）

　フェアクラフ（2012: 30）は、「社会構造は、非常に抽象的な実体である」とし、その具体例として経済構造、社会階級、親族体系等を考えている。彼は、その社会構造を「一連の可能性を規定するもの」と考え、その機能に言及している。「言語」も「抽象的な社会構造の一つ」（フェアクラフ 2012: 30）とみなされ、社会構造同様、構造・機能を持っている。たとえば、"the book" は可能だが、"book the" はその可能性が排除されている。

　「社会的実践」と「ディスコースの秩序」について説明する前に、これらより具体性が高い「社会的出来事」と「テクスト」について説明をしておく。言語と社会構造の関係と同様に、テクストも社会的出来事の一部である。「テクスト」について、フェアクラフ（2012: 4）は、「広い意味で使用」すると述べ、「言語使用の実例はどんなものでも『テクスト』である」（フェアクラフ 2012: 4）という。「実例」ということは実際に聞いたり、見たりすることができるものである。

　次に「社会的実践（social practice）」であるが、フェアクラフが「社会的実践」というときの「実践」という言葉の意味には注意が必要である。実践（practice）には、"the customary, habitual, or expected procedure or way of doing of something（なんらかのことをなすときの慣習的、習慣的、もしくは予期されている手順や方法）"（*Oxford Dictionaries*）という意味があり、この定義が下記の「長期的にこれらの選択の維持」と関わっていると考えられる。この意味として、日本の英和辞典では「習慣」や「慣習」という単語が当てられている場合が多い。つまり、社会的実践とは、私たちが日々の生活で行っている習慣的な行為の仕方というものである。

　フェアクラフの基礎理論のなかで、「社会的実践」と「ディスコースの秩序」の関係や位置づけに、彼の独自性がもっとも強く表れていると考えられる。まず、言語が社会構造の一部であるのと同じように、ディスコースの秩序は社会的実践の一部である。これら二つの特徴は、次のように「媒介」という概念で示される。

> 構造的に可能であることと実際に生じることのあいだの関係、つまり構造と出来事とのあいだの関係は、非常に複雑なものである。出来事は、抽象的な社会構造から、単純なあるいは直接的な仕方で、生じてくるものではない。それらの関係は、媒介されているのである。つまり、構造と出来事のあいだに、中間的な組織的実体がある。この中間的な組織的実体を「社会的実践」と呼ぼう。　　　　　（フェアクラフ 2012: 30）

 社会的出来事は、社会構造に完全に規定されているのではなく、社会的実践によって媒介され、実現される、ということである。
　フェアクラフは、その社会的実践の機能について次のように述べている。

> 社会的実践は、社会生活のある固有の領域において、ある構造的な可能性を選択しそれ以外を排除し、長期的にこれらの選択の維持をコントロールする方法として考えることができる。　（フェアクラフ 2012: 30）

 上記の引用のなかで、フェアクラフは、社会的実践は「コントロールする方法」と定義し、さらに、「社会的実践は、行為の特定の仕方を規定する」（フェアクラフ 2012: 32）とも述べている。しかし、一つ前の引用では社会的実践は、「組織的実体」とも定義されている。このことから考えて、社会的実践は「方法」以上のもので、実際に「コントロール」する力、つまり機能も有していると考えられる。
　フェアクラフ（2012: 32）は、社会的実践の要素として、「行為と相互行為」、「社会的関係」、「人（信念、態度、歴史等をもった）」、「物質世界」、「ディスコース」を考え、社会的実践とは、「非ディスコース的な他の社会的要素とディスコース（したがって、言語）を節合することである。」と述べている。つまり、社会的実践とは、世界を構成しているさまざまな要素を、つなぎ合わせ（節合）、まとめあげ、コントロールする仕組みのことのようである。なお、カルチュラル・スタディーズの研究者のホール（1998: 33）は、「節合（articulation）とは、特定の条件化で、二つの異なる要素を統合するこ

とができる、連結の形態なのです。しかし、そのつながりは、いかなる時も常に、非必然的で、非決定で、非絶対的かつ非本質的なものです。」と述べている。

3-2　ディスコースの秩序

　ディスコースの秩序は、社会的実践に含まれ、社会的実践のなかで、とくにことばと深く関わっている。ディスコースの秩序について説明する前に、まずディスコースについて説明する必要があるだろう。

　"discourse"ということばは、日本語訳としては、「談話」や「言説」がよく用いられる。しかし、これらの定義はさまざまであるし、一人の研究者においても、文脈によって、その意味するところは異なっている場合が多い。フェアクラフ（2012: 4）は、「ディスコース」を「言語に対する特定の視点、すなわち他の要素と密接に関係しあっている社会生活の一要素としての言語」と、定義している。

　さて、「ディスコースの秩序」だが、これこそが、フェアクラフ理論のなかでもっとも重要な概念の一つである。「ディスコースの秩序」という用語は、「ミシェル・フーコーに由来するが、批判的ディスコース分析ではかなり異なった仕方で用いられる」と、フェアクラフ（2012: 314）は述べている。すでに指摘したように、「ディスコースの秩序」は、「社会的実践」に含まれている。このことを、フェアクラフ（2012: 31）は、「ディスコースの秩序」を「社会的実践のネットワークの言語的要素」と、述べている。つまり、ディスコースの秩序は、言語的レベルの領域の問題であり、それは社会的実践の影響下にあって、その実践によって、言語的要素はネットワーク化、構造化される。ディスコースの秩序のこの機能面について、フェアクラフ（2012: 31）は、ディスコースの秩序は「言語的変異の社会的組織およびコントロールとみなすことができる」と、述べ、その言語使用において、社会的な影響や力（コントロール）を発揮し、その結果、私たちはさまざまな状況下において、さまざまなことばを選択し、言語的変異が生じるのである。

　フェアクラフ（2012: 31）によれば、ディスコースの秩序は、「ジャンル」、

「ディスコース群」、「スタイル」から構成され、社会的実践のレベルでは、それぞれが「行為の仕方」、「表象の仕方」、「存在の仕方」の三つの要素で構成され、テクストのレベルでは、それぞれが、「行為的意味」、「表象的意味」、「アイデンティフィケーション的意味」を持っていると述べている。これらは、表 2 として示すことができる。

表 2　ディスコースの秩序の要素と他のレベルとの関係

	ディスコースの秩序のレベル	社会的実践のレベル	テクストのレベル（意味のタイプ）
ディスコースの秩序の要素	ジャンル	行為の仕方	行為
	ディスコース群	表象の仕方	表象
	スタイル	存在の仕方	アイデンティフィケーション

フェアクラフ (2012: 33-4) をもとに、作成したものである

　ディスコースの秩序は、社会的実践の一部であるから、ジャンルも社会的実践の一部である。フェアクラフは、その社会的実践の一部としてのジャンルを、「行為の仕方」と考えている。たとえば、A君が、朝、学校で先生に会ったときと、同じクラスの男子生徒に会ったときとは、異なった挨拶（行為の仕方）をするであろう。先生には、たとえば、一礼をしながら「おはようございます」と言い、クラスメートには手を少し挙げて「オッス」という場合があるであろう。朝の挨拶として、「おはようございます」や「オッス」という発話行為を選択させる習慣（「行為の仕方」）がジャンルである。そして、A君は、「おはようございます」や「オッス」を、＜挨拶＞という行為的意味として、先生やクラスメートに発信したことになる。そして、一般的には、先生もクラスメートもそのような行為的意味として受信するだろう。

　フェアクラフが用いる「ディスコース（群）」という概念には、注意が必要である。彼は、「ディスコース」について次のように述べている。

　　ここでは二つの意味で用いられていることに注意してほしい。抽象的には、抽象名詞として、社会生活の要素としての言語や他のタイプの記号現象を意味している。より具体的には、可算名詞として、世界の部分を

表象する特定の仕方を意味している。　　　　（フェアクラフ 2012: 33）

　フェアクラフは、「ディスコース (discourse)」と「ディスコース群 (discourses)」を区別している。「ディスコース」は抽象名詞としてのディスコースである。「ディスコース群」は、可算名詞で、複数形として用いる場合には、日本語訳では「群」を付している。

　フェアクラフ (2012: 33) は、可算名詞としてのディスコース群について、「異なった視点もしくは立場から世界の同じ領域を表象している」とも説明している。たとえば、アメリカのドルと日本の円の為替変化に関連して、「最近の円高は、日本の輸出企業にとって、大きな打撃になる」というような新聞記事が書かれることがある。この＜円高＞という表象は、日本側の「視点もしくは立場」から、為替の変化を表象しているのである。同じ現象は、「最近のドル安は、アメリカの輸出企業の対日輸出価格を押し下げ、アメリカ企業に、歓迎されている」という、別の視点からの記述も可能である。なお、上記のように、本稿では、表象や意味を表すときには＜　＞を用いることにする。

　＜円高＞と＜ドル安＞は、「世界の同じ領域」の異なった表象である。つまり、＜円高＞か＜ドル安＞のいずれを選択するかという習慣が社会的実践レベルの「表象の仕方」であり、日本人は、＜円が高くなった＞という表象的意味として、受け取るのである。

　フェアクラフの「スタイル」概念は、私たちが一般に考えているスタイル（たとえば「文体」）とは、異なっている。フェアクラフ (2012: 33) は、「スタイル」について次のように述べている。

　　　ディスコースは、特定の存在の仕方、特定の社会的もしくは個人的なアイデンティティを構築するときに、身体的な行動とともに現れる。このディスコース的側面をスタイルと呼ぼう。

　私たちは、日々生活するなかで、自分自身の存在の仕方を認識し、それに基

づいて行為を選択する。たとえば、先の「ジャンル」のところで紹介したA君は、朝、先生に出会ったときには、＜先生／生徒＞という関係のなかで、自分自身の存在を認識するだろう。そして、「挨拶」という社会的実践・ジャンルを選択する場合には、一礼という身体的行動と「おはようございます」という発話を行うであろう。とくにこの「ございます」に、A君の「先生／生徒」という関係における、彼の先生に対する＜上下関係＞や＜先生に対する尊敬＞といった「アイデンティフィケーション的意味」が示されている。

　ちなみに、「おはようございます」という挨拶としての発話においては、表象的意味はほとんど意識されないであろう。ところが、A君が、授業に遅れて教室に入ってきて、先生に「おはようございます」と言ったとき、その先生が、「何時だと思っているんだ。早くはないぞ」と言ったとしよう。このとき、先生は、「おはようございます」という挨拶のなかに＜早い＞という「表象的意味」を見出し、A君の挨拶に対して"反論"したことになる。

　フェアクラフは、「ディスコース分析」という言い方をするが、彼は「ディスコース分析」を「特定のテクストの考察と、私が『ディスコースの秩序』と呼ぶものの考察との『往復行為』として考えている。」（フェアクラフ 2012: 3）

4　「心あたりのある者は」について

　（1）登場人物：
　　折木奉太郎（おれきほうたろう）：神山高校の古典部の部員。「やらなくてもいいことなら、やらない。やらなければいけないことなら手短に」という省エネ的生き方を生活信条としている。
　　千反田える（ちたんだ）：「古典部」の部長、豪農の娘で、いっけん清楚な印象を与えるが、好奇心が強く、「わたし、気になります」という一言によって、折木は、信条としている省エネ的生き方の変節を強いられ、さまざまな事件に首を突っ込むはめになる。
　　柴崎：教頭。件の校内放送を行った人物。

X：小説のなかで、校内放送によって呼び出される対象者を「X」と
　　　している。
（2）場所：神山市の神山高校の地学教室（古典部の部室）
（3）日時：11月1日（平日の放課後）
（4）主人公の折木奉太郎が行った分析の対象資料およびその前後の文
　　は、次のとおりである。

　前置きなしに、放送が入った。

　『十月三十一日、駅前の巧文堂で買い物をした心あたりのある者は、至急、職員室柴崎のところまで来なさい』

　　いささか早口にそれだけを言って、後はもうなんの未練も残さず、放送はぷつりと切れてしまう。

　この放送を聴いて、千反田が「なんだったんでしょう」と疑問の声をもらし、折木も「さあ」と、その放送の深い意図・意味が不明であるという反応を示した。そして、この引用文の二重括弧の部分が、名探偵役の折木の分析対象・資料になるのである。

5　折木のディスコース分析・社会分析的推理とそのメタ分析

5-1　第一メタ分析

　折木奉太郎が、ミステリー小説の探偵役である。基本的に折木の分析・推理を時系列に記述し、それについてメタ分析を行う。ここでいう「メタ分析」とは折木がいかなる推理を行ったかについて、フェアクラフの基礎理論を用いて記述・説明することである。

ステップ1：資料（テキスト）の画定

　上記の校内放送の後に、千反田が「いまの放送はどういう意味で行われたのか、推論を立ててください」と、折木にもちかける。そして、千反田はこの放送を文字化する。この放送および文字化された短い一文が、分析対象としてのテクストとなる。つまり、分析対象としてのテクストを画定したことになる。

ステップ2：基礎的情報の収集・確認（表象的意味の確認）

　折木は、テクスト内の基本情報の確認から始める。折木は、この地方の諸事に詳しい千反田に対して、「まずは、用語の確認だな。巧文堂って、お前は知ってるか？」と言う。これに対して、千反田は、「駅前と放送にはありましたが、駅からは少し離れていますね。昔からある、小さな文房具屋さんです。お年寄りの夫婦で経営しているお店ですね」と答え、さらに「小学生が普段使いするようなものを揃えたお店なんでしょうね」と付け加える。

　さらに折木は、「柴崎ってのは、教員だな？」とあまりにも基本的すぎる質問を千反田にする。そのためか、千反田は、笑いながら「折木さん、ひとの名前を憶えるのは苦手でしたっけ。柴崎先生は、教頭先生の一人ですよ」と答える。このように、折木は表象的意味をひとつ一つ確認している。ちなみに、主人公の折木は、成績は中位で、知識は豊富ではない。いっぽうの千反田は成績上位者で、知識は豊富という設定になっている。一般的にはミステリー小説の探偵役は、知識が豊富のように設定されている場合が多いようだが、この小説では少々異なっている。

ステップ3：ジャンルの確定、ディスコース分析（行為的意味の分析）、社会分析（社会的実践の分析）

　折木が歩んできたいままでのステップは、ディスコース分析と社会分析の準備作業であった。

　さて、いよいよディスコース分析と社会分析に入るが、折木の第一歩・第一声が、「『柴崎教頭は生徒を呼び出そうとしていることがわかる』」という

ものであった。あまりにも基本的・常識的すぎるためか、「干反田が作り笑顔を浮かべた。つまらない冗談に無理に笑うように」という反応を引き起こしてしまう。

しかし、これはディスコース分析にとっては重要な確認・確定作業である。これは、フェアクラフの基礎概念で言えば、柴崎の発話のジャンル（行為の仕方、行為的意味）の確認・確定作業である。折木は、ジャンルということばこそ使用していないが、柴崎の行った校内放送を「校内放送・生徒呼び出しジャンル」であると確認・確定したことになる。

折木は、なぜ柴崎の発話が「校内放送・生徒呼び出しジャンル」であるかの理由は示していない。あまりにも"当たり前"すぎるからであろう。フェアクラフの理論で説明すれば次のようになるであろう。校内放送は、社会的実践として、生徒を呼び出すときに用いられることがある（社会分析）。「社会的実践」とは、私たちが、ある場合に、ある行為をするように慣習づけられていることである。

さらに、柴崎の放送（テクスト）は、「『来なさい』」という命令形（言語構造）で終わっていて、この言い方から生徒を呼び出していることがわかり、生徒を呼び出そうという行為的意味があることが推察される。以上のことから、「校内放送・生徒呼び出しジャンル」であることが確認できたのであろう。

次に折木は、教頭が呼び出している生徒を「X」とする。ただし、その生徒が単数か複数かは不明であると考える。

ステップ4：社会分析（社会的出来事・実践の分析）、ディスコース群の分析（表象的意味の分析）、スタイルの分析（アイデンティフィケーション的意味の分析）

ジャンルを確定した後、折木は、表象的意味についての分析にとりかかり、次の推論1を導き出す。なお、作者の米澤と主人公の折木が「推論1」、「推論2」という命名をしているわけではない。これらは、筆者が、折木の推論を分析した結果の分類であり、命名である。

> 推論1:「柴崎はXに対し、教育的指導を施そうとしている。平たく言えば怒りつけようとしている」(折木)(引用符の後の「(折木)」は、折木の発話であることを示す。以下同様)

　折木は、この推論1を導き出した理由を二つ挙げている。一つは、「『生徒が職員室に呼びつけられるのにろくなことはなかった、という帰納的推理によってだ』」という"経験論"的な推論である。これは、社会的出来事・実践の分析である。折木は、生徒を呼び出すという社会的出来事・実践の意味を知っていて、それをこの校内放送に適用したのである。
　もう一つの理由について、折木は次のように述べている。

> 「褒めるようなことなら『巧文堂で買い物をした心あたりのある者』なんて善し悪しが明らかでない言い方をせず、はっきり言えばいいんだ。」(折木)

折木は、教頭のアナウンス(テクスト)の「善し悪しが明らかでない」という＜曖昧性＞(表象的意味)に言及しているのである。曖昧であるということは、なにかを隠蔽していることになり、良いことなら隠蔽する必要はないので、消去法で悪いことであるという結論を導き出したと考えられる。
　教頭が放送で選択した「巧文堂で買い物をした心あたりのある者」という表現は、後の折木の推論5ではじめて＜犯罪に関わった者＞という表象であることが判明するが、この時点では、折木は、字義に近い＜巧文堂で買い物をした心あたりのある者＞という表面的な表象として理解していたと考えられる。ただし、折木は、この表象に＜曖昧性＞という意味も見出したのである。つまり、意味の多重性に気がついたのである。
　折木は、表象的意味の分析によって＜曖昧性＞を発見し、さらにその成果をもとに、社会的出来事・実践の分析から、「怒りつけよう」という教頭の感情・意図を推測したのである。フェアクラフ(2012: 249–50)は、「感情に

関わる心理過程」を評価の問題、つまりアイデンティフィケーション的意味の問題として捉えている。折木の推論は、ついに＜怒りつける＞というスタイル、つまりアイデンティフィケーション的意味に到達したのである。

　折木は、校内放送で生徒を呼びつけるという社会的実践・出来事（このなかには「行為＝ジャンル」も含まれる）、＜巧文堂で買い物をした心あたりのある者＞という表象的意味に潜んでいる＜曖昧性＞という一段深い意味、そして＜怒りつける＞というアイデンティフィケーション的意味を一つのものとして考えたことになる。このことは、フェアクラフ（2012: 35）が、行為、表象、アイデンティフィケーションの「3相の意味」は、「テクスト全体およびその一部分の両方において、同時に見てとることができる」と述べていることを、実践していることになる。ここでは、折木は先に指摘した意味の多重性というよりは、意味の多相性に気づき、推論をしたことになる。

ステップ5：ディスコース分析（ジャンルとテクスト間の違反・逸脱の析出とその違反・逸脱の意味解釈）、社会分析（社会的実践と社会的出来事間の違反・逸脱）

　ステップ4では、ディスコース群の分析が行われたが、ステップ5では、さらに複雑なディスコース分析が行われ、推論2が導き出される。

推論2：「この呼び出しは急を要する。それで柴崎は慌てている」（折木）

　折木は、この推論2の根拠について次のような説明をしている。

　　「校内放送に限らず、普通、こういったお知らせ放送は二回繰り返す。一回だけでは聞き逃しが多いからなんだろうな。だが、この放送は一回しか言わなかった。スタンダードから外れるのは、それだけ慌てているからと考えられる」（折木）

　校内放送には、通常2回繰り返すという形式がある。これはフェアクラフ

の概念では、基本的には社会的実践・ジャンルの問題である。一般的には、呼び出しジャンルはそれに合った慣習的な(スタンダード)形式(行為の仕方)を用いることを"要求"するが、この場合はそれに違反・逸脱したテクストが形成された。つまり、聞き逃しがないように、2回繰り返さなければならないところを、1回しかしなかった(社会的出来事)というのである。この違反・逸脱が、慌てている証拠であるという推論である。折木は、この違反・逸脱に＜慌てている＞という意味を読み取ったのである。

　以上のことをフェアクラフ理論に従って整理すると次のようになる。教頭は、Xを呼び出すために、ジャンル・行為の仕方として、校内放送の「生徒呼び出しジャンル」を選択する。そうするとディスコースの秩序という場においては、習慣として、放送を2回繰り返すことが"要求"される。しかし、放送をしようとしていた教頭は、なんらかの理由で、放送を1回しか行わなかった。教頭は、結果的にジャンル・行為の仕方という慣習に対する違反・逸脱をしてしまったのである。折木は、さらに、その違反・逸脱行為を教頭が＜慌てている＞という一時的アイデンティフィケーション的意味として解釈したのである。

　ジャンル、ディスコース群、スタイルは相互に深く関わっている(上記の例は、ジャンルとスタイル)。通常の事態であったなら、私たちは、これらの三つを整合的にコントロールできる。つまり、ディスコースを秩序化することができる。ところが、事態が通常ではなくなったときに、発話者は自らの発話をディスコースの秩序にそってコントロールできない状態に陥ってしまう。つまり違反・逸脱という異常事態が発生するのである。フェアクラフ(2012)は、ディスコースの秩序について詳しく論じているが、教頭の校内放送が示しているようなディスコースの秩序のカオス化については、ほとんど言及していない。ミステリー小説の探偵は、ディスコースの秩序のカオス化で発生する違反・逸脱を事件解決の"糸口"として位置づけるのである。私たちは、社会構造や社会的実践にがんじがらめに縛られているわけではないのである。名探偵は、ここで意味の多重性、多相性に加えて、違反・逸脱の意味を認識したことになる。

ステップ6：社会分析・ディスコース分析（社会的実践・ジャンルと社会的出来事のあいだの不整合の析出とその不整合の意味解釈）

　折木は、推論2で導き出した「『柴崎は慌てている』」を、次の推論3で、さらに強化している。

> 推論3：「それも並の慌て方じゃない。この放送は、緊急を要するものだったと考えられる」（折木）

　折木は、同放送が「『緊急を要するもの』」であると考え、その理由として、「『本当なら呼び出し放送は、生徒が全員いると考えられる時間、たとえば休み時間やHR前後に行われるべきなんだ』」が、「『この放送が放課後に行われたからだ』」と述べている。では、放送が放課後行われることが、なぜ事態が緊急を要するものであることを示しているのだろうか。この点について、折木は、次のように説明している。

> 「その理由というのが明日の朝を待てないほど急を要するものだったから。大袈裟に言えば柴崎は、Xは下校しているかもしれないが、していない可能性に賭けて放送した、ってことだ」（折木）

　折木は、さらに「『呼び出す理由が放課後になってからできたから』」という推論も立てている。
　校内放送で生徒を呼び出すという社会的実践・ジャンルは、放課後ではなく、生徒全員が校内にいるときに行うことを要請する。つまり、校内放送によって生徒を呼び出すという社会的実践・ジャンルと、放課後という時間的コンテクストのなかでの放送＝社会的出来事とのあいだに不整合がある、と折木は考えたのである。その不整合に、教頭の＜並の慌て方じゃない＞というアイデンティフィケーション的意味、および＜緊急を要する＞という意味を見出したのである。これらの場合、社会的実践・ジャンルそのものが意味を生み出しているのではなく、先に述べた不整合が、意味の産出に深く関

わっているのである。意味というのは、たんにテクストのレベルで生成されるばかりではなく、逸脱や不整合といったところでも生成されるのである。この点については、フェアクラフ（2012）はあまり言及していないようである。名探偵は、このような"意味"を見逃さない。

ステップ7：社会分析（社会構造・社会的実践と社会的出来事のあいだの違反・逸脱）

次の推論は、社会構造・社会的実践と社会的出来事のあいだの違反・逸脱と関わっている。

> 推論4：「柴崎がXに対してしようとする話は、公にはできない。」（折木）

この推論4について折木は、まず「『生徒を叱るのは神山高校でも生徒指導部の役割だ』」と述べ、通常の「叱る」役割を担っている部署について指摘し、さらに次のように説明している。

> 「なのに、Xを呼び出したのは教頭の柴崎で、職員室に、だ。越権行為じゃないか。生徒指導部ではなく、学校の管理職たる教頭が直接乗り出して生徒を呼びつける。これは、事態が重大であることを示し、また、管理職レベルで情報が保秘されていることを示している」（折木）

通常の社会的実践では、生徒を叱るのは生徒指導部であるが、今回の呼び出し（社会的出来事）では、教頭という1階層上からのものであると、折木は指摘したのである。フェアクラフの概念を用いて言い直せば、学校という社会構造上においては、生徒を呼び出し、叱る部署は生徒指導部に位置づけられている。そして、社会的実践のレベルでも、生徒を呼び出し、叱るのは、生徒指導部の先生が行うことになっている（慣習的形態）。ところが、社会的出来事のレベルでは、教頭の柴崎による校内放送であった。つまり、社

会構造・社会的実践と社会的出来事のあいだに「越権行為」という違反・逸脱が生じたのである。このことは、事態が通常の「生徒を叱る」レベルを越えたものであることを示し、＜事態が重大＞で、＜管理職レベルで情報が保秘されている＞という意味として折木は解釈(推論)したのである。

この推論において、折木は＜教頭＞という表象を表面的な表象としてのみ捉えているのではなく、つまり「個立」したものとして捉えているのではなく、＜生徒指導部＞との(差異的)関係のなかで捉えている。テクスト内の語彙を、個立したものとして捉えるのではなく、差異の体系のなかで捉えることによって、さらに深い読みが可能になる。

当然ながら、折木は権力構造としての「教頭＞生徒指導部」という階層性を認識していたことになる。ディスコース分析のなかに、批判的(クリティカル)ディスコース分析がある。フェアクロー(2008: 5)(「フェアクラフ」と表記する場合もある)は、この批判的ということばの意味について「言語、パワー(権力)およびイデオロギー間の関連のような、人々から隠されている関連を明るみに出すことを目的とするという特別な意味において用いられている。」(括弧内は筆者)と述べている。折木は校内放送をディスコース分析するときに、クリティカルな視点も併せ持っていることになる。彼の分析は、まさに批判的ディスコース分析(critical discourse analysis)である。

ステップ8：総合的分析、ジャンルの再定義

折木は、いままでの推論1から4までを総合し、次の推論5に至る。

> 推論5：「ここまでの推論から導き出される推論。……Xは、犯罪にかかわっている」(折木)

折木は、教頭という学校の責任者が、直接、放課後に、校内放送で生徒を呼び出すことを異常であると認識し、そこに＜犯罪＞という意味を見出したのである。折木は、ついにXが犯罪と関わっているという推論に到達したのである。

この推論5に至って、校内放送の位置づけ、つまりジャンルの位置づけが変化することになる。折木は、ここまでは、柴崎による校内放送をたんなる「（通常の）校内放送・生徒呼び出しジャンル」と定義し、それと関連（フェアクラフの言い方では、「ネットワーク化」）したディスコース群・スタイルとしてディスコース分析を行ってきた。しかしこれ以降、折木は校内放送のジャンルの定義を変え、校内放送を「犯罪関係者の呼び出しジャンル」として分析することになる。

　そうすると、これまでの折木の分析は、"間違ったジャンル"に基づいた分析であるから無効であると考えることも可能かもしれない。しかし筆者は、"間違ったジャンル"であったからこそ、そこに「違反・逸脱」、「不整合」といったことばで概念化した"現象"を浮き上がらせ把握できた、と考えている。教頭の柴崎は、「犯罪関係者の呼び出しジャンル」として校内放送を行ったはずであり、そう考えれば、「違反・逸脱」、「不整合」というような"現象"は無く、しごく"まっとうな"放送であった、ということもできる。結果的に、折木のこれまでの推理の結論は、"正しい"ジャンルの発見でもあった。

ステップ9：社会分析（社会的実践から社会的出来事の推論）

　ステップ8で、校内放送で呼び出そうとしているXが犯罪と関連しているという推論に至ったが、そうなると、あらゆることがその様相を呈していると考えることができるようになる。

　総合分析の結果得られた推論5から、折木は、さらに推論6を導き出す。

> 推論6：「もしこれまでの推論が妥当だとすれば、いま、この学校には警察ないしそれに準じる機関の人間が来ている可能性が高い」（折木）

　推論6に対しては、折木は次のような理由を述べている。

　　「……必要とあらば捜査当局はXの身柄を確保するだろう。そのために

は、捜査当局の人間が直接出向いていたほうがいい」(折木)

犯罪と関わる社会的実践では、校内放送の結果、Xが呼び出しに応じた場合、捜査当局がそのXの身柄を確保するであろう、と折木は推論したのである。そのためには、捜査当局の捜査官が、校内に来ているはずであるという推論である。この推論は、社会的実践に依拠したものである。

ステップ10：社会分析（社会構造・社会的実践・社会的出来事から社会的出来事の推論）

　折木は、さらに二つの要素からなる次の推論を立てている。

> 推論7：「その直前に、捜査当局からの依頼があった」(折木)

　上記推論の「『その直前』」の「『その』」は教頭の校内放送を指している。推論7は、「直前」という時間に関する推論と捜査当局からの「依頼」があったという、2要素からなる推論である。
　折木は、推論7の理由について次のように述べている。

> 「帰宅した生徒も少なくない放課後に呼び出し放送をかけるのはどうも不合理だ。なのに放送をかけたのは、繰り返しになるが、その理由が放課後になってから発生したため」(折木)
> 「犯罪が起きたとすればここにある十月三十一日だろう。なのに放送はついさっき突発的に、それも慌てて行われた。」(折木)

上記の「『ここにある』」とは、千反田が書き写した校内放送のメモを指している。また、折木が部室で推論を重ねているのは、11月1日である。つまり、事件発生から1日程度経っているということが前提になっている。
　事件発生当日ではなく、Xがいないかもしれない放課後に、あえて、慌てて放送したのは、犯罪に関して、学校の上位階層権力である捜査当局から、

捜査協力依頼が11月1日の放課後にあったからであろう、と折木は考えたのである。つまり、犯罪と関わっている事案に関して、社会構造上、上位の権力からの依頼（社会的出来事）があった場合、社会（権力）構造上、下位の学校当局は、その依頼を即座に受け入れるというのが、社会的実践であろう。それが、突然の慌てた校内放送という社会的出来事として実現したのである、と折木は推論したのであろう。折木には、フェアクラフの基礎理論である「社会構造」／「社会的実践」／「社会的出来事」という社会図式が見えていたことになる。

ステップ11：推論2、3を基礎にした社会分析（アイデンティフィケーション的意味を社会的実践レベルで再解釈）

推論5で、Xが犯罪に関わっているという推論にたどりついた。そうすると、そのXが、犯人なのかそれとも被害者なのかという疑問が出てくる。

> 推論8：Xは犯人側の人間として呼び出された

推論8は、千反田の次の質問に対する、折木の解答である。「『Xさんは犯罪の目撃者や被害者として呼び出されたのではなく、犯人側の人間として呼び出されたと考えているんですか』」。折木はこの問いに対して「『そうでなければ、柴崎が泡を食う必要はない。余裕を持って放送できたはずだ』」と、推論8の理由を述べている。

教頭の柴崎は、神山高校の最高責任者の一人であり、その生徒が犯罪を起こしたから、柴崎が泡を食っていると、折木は解釈したのである。柴崎は、学校を代表する責任者としてのアイデンティティを強く感じ、さらに生徒が犯罪の容疑者であるために泡を食った、という推論である。

フェアクラフ理論で記述すると次のようになる。折木は、ディスコース分析による推論2、3で教頭の一時的アイデンティフィケーション的意味として＜慌てている＞を確認した。そして、その教頭が示した＜慌てている＞という意味を、＜Xが犯人の側の人間＞であると、さらに深く解釈・推論し

たのである。つまり、教頭の＜慌てている＞という一時的なアイデンティフィケーション的意味を、さらに社会的実践レベルで解釈して、＜Xは犯人側の人間＞であるという推論に到達したのである。社会的実践では、生徒が犯罪を行えば、その教育機関の責任者は、通常、慌てた行動をとるからである。

なお、この時点でジャンルはさらに少し変化する。ここまでは、「犯罪関係者の呼び出しジャンル」として定義されてきたが、ここで、校内放送は「犯人呼び出しジャンル」という位置づけになる。

ステップ12：社会分析（社会的出来事、社会的実践の分析）、ディスコース分析（表象的意味、アイデンティフィケーション的意味）

推論8で、Xがある事件の犯人であるというところまで到達した。では、捜査当局は、Xについてどの程度知っているのだろうか、またその事件はどこで発生し、どのような事件であったのかという疑問が出てくる。折木は、これらの疑問について、次の二つの推論9を立てている。

> 推論9-1：「事件は巧文堂で発生し、Xの取った表向きの行動は買い物だった」（折木）

> 推論9-2：「捜査当局は、Xがどんな人間かを知らない」（折木）

推論9-1と推論9-2は、一見関係がないように思われるかもしれないが、下記に示すように折木にとっては深く関わっている推論である。

推論9が導き出される前に、千反田が、どのような犯罪であったのかについて、万引きともう一つの可能性について次のように述べている。

> 「……まったく別の場所で罪を犯した方の特徴を追っていくうちに、その方なら巧文堂で買い物をしていた、という証言に辿り着いたということもあるでしょう。」（千反田）

折木は、万引きについては直接的には否定しなかったが、そのもう一つの可能性については否定し、その理由を次のように述べた。

　　「その場合、捜査当局はXの人相風体を知っているんだろう。それを受けて柴崎のした放送が『巧文堂で買い物をした心あたりのある者』はおかしい。」(折木)

　折木は、千反田のもう一つの可能性について、なぜ「『おかしい』」かの説明はしていない。重要な推理と結びついているのに説明をしなかった理由は、おそらく、ストーリーの流れと折木の思考の流れに関係があるようだ。上記の「『おかしい』」の発話の直後に「俺はふと違和感を覚えた。」そして、その「違和感」の原因を探ることに、彼は集中し始めたのである。このようにストーリーが展開し始めたので、「説明」は省略されてしまったようだ。
　さて、もしXが巧文堂ではない他所で罪を犯したなら、教頭は、巧文堂よりもまずその場所に言及するはずであろうし、さらにその場合は、「買い物をした」か否かは、関与的ではないはずであるから、わざわざ「買い物をした」と言う必要性はない、と折木は考えていると思われる。さらに、Xの人相風体がはっきりしていたなら、「心あたりのある者」という、曖昧で、その真理性に自信なげな言い方はしない、つまり、モダリティ的な表現の選択はしないということであろう。また、人相風体がはっきりしていたなら、社会的実践として、学校にあるであろう生徒の写真と照合し、誰が犯人かはすぐ判明するであろうから、校内放送そのものも必要ないであろう。
　では、推論9-1の後半(「『Xの取った表向きの行動は買い物だった』」)の根拠はどこにあるのだろうか。折木は、この点についても詳しい説明をしていないが、おそらく次のような理由からであろう。
　「『巧文堂で買い物をした心あたりのある者』」という校内放送で注目すべきは、「買い物をした」と「心あたりのある者」が隣接していることである。まず、「心あたりのある者」は、校内放送を聞いている一般の生徒には、たんに<心あたりのある者>という表象的意味しか理解できないであろうが、

教頭とX(そして折木)にとっては、＜罪を犯した者＞という表象的意味であろう。もしそうなら、それと隣接している「買い物をした」は、犯罪と深く関わっているはずである。しかし、買い物そのものは犯罪ではないので、買い物は「表向きの行動」であるという推論になったと考えられる。

　なお、「心あたりのある者」というモダリティ表現の選択には、「教育者」としての教頭のアイデンティティが影響を与えているだろう。つまり、「心あたりのある者」という表現には、＜生徒が悪事を犯した＞という意味をできるだけ排除しようとする＜教育者の配慮＞があるかもしれない。もしそうなら、ここには、教育者というアイデンティフィケーション的意味が認められるということになる。同小説のタイトルになっている「心あたりのある者」には、深い意味が隠されているようだ。フェアクラフ (2012: 13) が指摘しているように、「……テクストは、意味生成の多くの異なるプロセスに関与し、多様な意味を導きだすことができ」、「多様な解釈に開かれている」のである。

ステップ13：社会的実践（校内放送）の前提に対する根源的な疑問——社会的実践と表象的意味の矛盾

　推論5で、校内放送というジャンル（行為）の定義が変更されたが、さらに、折木は、校内放送というジャンルの前提に関する根源的な問題について考察している。これは、先ほど紹介した折木が覚えた「違和感」の原因である。次の引用は、このことに関する折木の心のなかで行われた思考のプロセスと彼と千反田との会話である。

> 　それなら、あの放送は一種の自首勧告だったのか？　いや、それにしてはどうもおかしい。
> 　「推論。捜査当局は、Xがどんな人間かを知らない」
> 　「ええ、いまの折木さんのお話は、そういう意味ですね」
> 　「しかし、放送をかければやってくると考えている」
> 　そうだ。そこがおかしいのだ。

俺が罪を犯したとして、あんな放送がかかれば思うことはこうだ。
　　「捜査当局はまだ、俺がしでかしたんだと気づいていない。これは
　　ひょっとすると上手く逃げ切れるかもしれないぜ」。素直に柴崎の前
　　に立つことはないだろう。

　折木の考え方はこうである。校内放送によって犯人を呼び出そうとすること
は、そうすることによってXが職員室に来るであろう、という前提に基づ
いている。しかし、校内放送の表象的意味のなかに、＜捜査当局は、Xの人
相風体を知らない＞が含まれている。簡単に言えば、校内放送が、捜査当局
の弱点を明らかにしていることになる。これは矛盾であり、これが折木の感
じた「違和感」の原因である。
　これらのことを、推論として命題化すると次の「推論10」になる。

| 推論10-1：「放送をかければ（Xは）やってくると（捜査当局・教頭は）考えている」（折木）（括弧内は筆者、以下同様） |

ところが、折木は、この推論・前提と矛盾している（「おかしい」と思っている）推論を立てている。

| 推論10-2：「（放送を聴いて、Xが、）上手く逃げ切れるかもしれない（と考える可能性がある）」（折木） |

　校内放送で、生徒を呼び出すという社会的実践には、生徒は、呼び出せば
やってくる、という前提があるからである。ところが、校内放送が犯罪者の
呼び出しであり、捜査当局がXの人相風体を知らないという表象的意味が、
テクストに含まれ、それにXが気がつくなら、校内放送という行為そのも
のの有効性に疑問が生じるのである。Xが、「これはひょっとすると上手く
逃げ切れるかもしれない」と考える可能性が十分あるからである。
　このように考えると、推論10-1と推論10-2は矛盾する推論ということに

ミステリー小説をフェアクラフ理論によってメタ分析する

なる。折木は、このことに気がついたので、「そこがおかしい」と考えたのである。

しかし、校内放送という社会的出来事が生じたことは事実である。そうすると、新しい推論が必要になってくる。推論 10-1 と推論 10-2 は、一般的には矛盾するが、この矛盾を乗り越える推論が要請されるのである。

ステップ 14：非時系列的推論

ステップ 13 までは、時系列的に折木の推論を記述してきたが、ステップ 14 では、時系列的な推論ではなくなる。図式的に言えば、「推論 → 理由＝推論 → 理由＝推論」の非時系列的推論の連鎖が始まるのである。

ステップ 14-1：社会分析（校内放送という社会的出来事の前提に関する社会的実践の分析）

ステップ 13 で指摘した矛盾を"乗り越える"推論が下記のものである。

> 推論 11-1：「X はそのことを悔いている。」（折木）

X が悔いているならば、校内放送で呼び出された場合、たとえ人相風体が知られていなくても、その呼び出しに応じるだろうという考えである。これは、社会分析、とくに社会的実践の分析である。悔いているならば、呼び出しがあれば、慣習的にそれに応じる傾向があるという推論である。

折木は、＜X は悔いている＞というアイデンティフィケーション的意味をテクストに見出したのではなく、社会的実践の分析から導き出している。当然ながら、意味はテクストやディスコースのなかでのみ生成されるのではない。

ステップ 14-2：社会分析（社会的実践の分析）

推論 11-1 では、「『X はそのことを悔いている。』」という推論に至ったが、では、なぜ折木がそのように考えたのだろうか。

推論 11-2：「X が巧文堂に謝罪文を書いた……」（折木）

　折木は、X が巧文堂に謝罪文を書いたから、X はそのことを悔いていることがわかると考えたのである。この推論 11-2 は、推論 11-1 の理由・根拠である。人は、罪を犯し悔いたときには、謝罪文を書くという社会的実践が想定されたのである。では折木は、なぜ「X が巧文堂に謝罪文を書いた」という推論に至ったのだろうか。この理由については次のステップ 14-3 で説明を行う。この推理は、折木の名探偵ぶりを如実に示すものである。

ステップ 14-3：ディスコース分析（コンテクストと表象・アイデンティフィケーション的意味の分析）、社会分析（社会的実践の分析）

　どうして折木が「X が巧文堂に謝罪文を書いた」という推論に至ったのか。折木は、次のような驚くべき推理を立てる。

　この小説の時間設定における「現在」は、11 月 1 日の放課後である。ところが、教頭は放送のなかで「『十月三十一日、駅前の巧文堂で買い物をした……』」という言い方をしている。この点について折木は、不自然さを感じたのである。折木は、「『『十月三十一日』ってのは、昨日じゃないか』」と述べ、次のようにさらに疑問を整理している。

> 「正直な話、俺はいまになるまで気づいてなかったんだ。だが気づいていたなら、不思議に思わなかったのか？　なぜ柴崎は、『昨日、駅前の巧文堂で』と言わなかったのか」（折木）

折木は、これに続いて、次のような推論を立てた。

> 「どういうときに、『昨日』でなく『十月三十一日』と言うか？　俺ならそれには、目の前に原稿があるとき、と答える。用意された文章に『十月三十一日』とあって、そのまま読み上げたときだ。」（折木）

ここで、次の推論 11-3 に到達するのである。

> 推論 11-3：「目の前に（「十月三十一日」と記されている）原稿（謝罪文）がある」（折木）

　教頭の柴崎の校内放送にも、千反田が書き留めたテクストにも「十月三十一日」が引用であることは、示されていなかった（たとえば、引用符付きで）。しかし、折木は、この部分が引用であることを、ディスコース分析および社会分析から推論した。「今日」が 11 月 1 日という時間的コンテクストから考えると、通常は慣習的なディスコース群（表象の仕方）に従い、直示（deixis）的表現の「昨日」という語彙選択をするはずである。このように考えると「十月三十一日」は通常ではない、つまり逸脱していることになる。なぜ、通常ではない「十月三十一日」という言い方を選択したかといえば、社会的コンテクスト（状況）に原因がある。つまり、さまざまな意味での権威あるテクストが目の前にあるという社会的出来事もしくはそのようなコンテクストに教頭がいて、それを引用したからである。折木は、このように推論したのである。今までは、教頭の放送がテクストであったが、ここに新たなテクストの存在が推論されたことになる。

　教頭が、「十月三十一日」ということばを選択したということは、その新たなテクストに"引きずられた"ことを意味し、そのテクストが持っているパワー（権威・権力）に深く影響された自己を生きていたことになろう。これは一種の「存在の仕方」と関わっているのでスタイルの問題であると考えることができるかもしれない。ここでいうパワーとは、警察権力ばかりでなく、"権威ある"書類、証拠となる書類といったさまざまな意味のパワーを含んでいる。そして教頭は、これらのパワーに従った社会的実践によって、放送を実施したのである。教頭の柴崎は、この選択をしたことによって、＜権威あるテクストに従った＞というアイデンティフィケーション的意味を示してしまったことになる。「十月三十一日」であろうと「昨日」であろうと、指示対象は同じ（明けの明星と宵の明星の例）だが、アイデンティフィケー

ション的意味においてとくに異なる。

なお、ここで指摘した「アイデンティフィケーション的意味」は、フェアクラフ（2012）が考えているものとは少し異なっている。フェアクラフ（2012）が考えている「アイデンティフィケーション的意味」は、テクストのレベルにおける意味であって、ここで指摘した「アイデンティフィケーション的意味」は、権威あるテクストを選択したことに示されている「意味」である。

折木は、このように教頭の目の前に「十月三十一日」と記されている「原稿」があったと推理し、推論11-1、推論11-2から、その文書が「謝罪文」だと推論したのである。

折木の推理はまだ続くが、それらの推理は、ディスコース分析的次元の推理から大きく離れていくので、本稿の趣旨を考慮して、折木の推理についての分析はここまでとする。さらに、いかなる結論になるかについては、まだ同書を読んだことのない方々の楽しみを奪いかねないという理由もあって、折木の推理の展開については、これ以上の言及はしない。

5-2　第二メタ分析——折木の分析の特徴

第一メタ分析では、折木のディスコース分析をフェアクラフの基礎理論を用いて説明したが、ここでは、その分析の構造等について考察する。

折木は、多めに数えると18ステップを踏んで、推論を積み重ねた。それらは、次の表3のように分類できるであろう。

表3 折木の推理過程と関わった主な要素

ステップ	推論	社会構造	社会的実践	社会的出来事	言語	ジャンル	ディスコース群	スタイル	テクスト	特記事項
		社会			ことば					
						ディスコースの秩序				
1									◎	画定
2							◎		○	確認
3			◎		◎	◎			◎	確定
4	1		◎	◎		○	◎	◎	◎	意味解釈
5	2		◎	◎		◎		◎	◎	違反・逸脱
6	3		◎	◎		◎		◎		不整合
7	4	◎	◎	◎						違反・逸脱
8	5									総合
9	6		◎							
10	7	◎	◎	◎					○	社会構造と権力
11	8		◎						◎	意味解釈
12	9-1	—	—	—	—	—	—	—	—	説明無し
	9-2	—	—	—	—	—	—	—	—	説明無し
13	10-1		◎			○				根源的問い
	10-2						◎		◎	根源的問い
14-1	11-1		◎							矛盾
14-2	11-2		◎							
14-3	11-3		○	○			◎	◎	◎	逸脱

◎:推理との関係性・重要性が大、○:推理との関係性が比較的重要

折木の分析の特徴は、下記のようにまとめることができる。

(1) 折木の分析は、ディスコース分析と社会分析とが上手に組み合わされている

折木の分析は、ステップ3～6、10、11、13、14-3にみられるように、ディスコース分析と社会分析とが上手に組み合わされている。フェアクラフ理論の基本は、ことばを社会的要素の一つとして考えており、その意味で折木の分析手法は、フェアクラフ理論の基本と通じるものがある。

（2） 社会分析は、ディスコース分析よりも独立性が高い

　表3からわかるように、折木は、ディスコース分析と社会分析を同時に行う傾向がある。いっぽう、ディスコース分析が行われても、社会分析が行われなかった例としては、ステップ2のみであるが、社会分析を行っても、ディスコース分析を行わなかった例としては、ステップ7、9、14-1、14-2が挙げられる。つまり、ディスコース分析は、社会分析に依存的だが、社会分析は、ディスコース分析にそれほど依存的ではない。この事実は、フェアクラフの基礎理論の中心である「ことば」は「社会」の一部であって、その逆ではないという認識と関係しているのかもしれない。つまり、社会的事象（ミステリー小説は、ある意味でこの社会事象を描いている）において、ことばをことばのレベルだけで考察したのでは、社会事象を解明できないということになる。折木の推理方法は、まさにこの点を示していると考えられる。

（3） 折木の推理の基本の一つは、「差異」の発見とその「差異」の意味解釈である

　折木は、さまざまなところに「違反・逸脱・不整合」を発見し、そこに隠された意味を推論する。ただし、折木は、「違反・逸脱・不整合」というような言い方はしていない。おそらくこれらに一番近いことばは、推論2では「『スタンダードから外れる』」、推論3では「『本当なら呼び出し放送は、生徒が全員いると考えられる時間、たとえば休み時間やHR前後に行われるべきなんだ』」、推論4では「『越権行為じゃないか』」、推論11-3では、「『不思議』」である。「違反・逸脱・不整合」は、ある基準が想定されていて、それとの差異に言及したことばである。そこで、これらをまとめて「差異」と呼ぶことにする。「差異」のほうが、より中立的な表現と思われるからである。表4に、その「差異」を分類し、まとめておく。

表4　メタ分析——「差異」の種類

「差異」の種類	推論番号
通常（社会的実践・ジャンル）と実際（社会的出来事・テクスト）のあいだの「差異」	2
通常（社会的実践・ジャンル）と実際（社会的コンテクスト）のあいだの「差異」	3
通常（社会構造・社会的実践）と実際（社会的出来事）のあいだの「差異」	4
通常（ディスコース群）と実際（テクスト）のあいだの「差異」	11-3

（4）　さまざまな意味の発見

　フェアクラフの理論で言えば、「意味」は、行為的意味（ジャンル）、表象的意味（ディスコース群）、アイデンティフィケーション的意味（スタイル）の三つである。通常の「意味」は、表象的意味に一番近いと思われるが、折木は、フェアクラフが考えている三つの意味を、その分析のなかで見出している。さらに、表4で示した差異に起因する意味も見出しているが、これこそが、探偵にとってもっとも重要な意味（前述の「違反・逸脱の意味」とほぼ同じ）のようだ。フェアクラフの理論は、この差異の意味については、ほとんど触れていない。フェアクラフ（2012）が考えている意味は、「ことば」に由来する意味に限定されている。

6　まとめ——フェアクラフの基礎理論について

6-1　フェアクラフの基礎理論は、限定的ではあるが、有効である

　上で論じたように、折木の推論のかなりの部分は、フェアクラフの基礎理論で記述できることがわかった。この意味で、フェアクラフの基礎理論は、ある程度有効であるといえよう。ただし、本稿で扱った分析対象はフィクションであり、現実ではないので、限定的な有効性である。

6-2 「差異」について

　本稿で用いたような、「通常」のあるべき姿と「実際」の姿のあいだの「差異」に関する問題は、フェアクラフの理論ではあまり扱われていないようだ。フェアクラフの基礎理論の根幹をなす概念の一つが「ディスコースの秩序」で、その前提が「秩序」である。それを乱す「差異」やカオス化はあまり考慮されていないようである。そうすると、この点でフェアクラフ理論は役に立たないと考えることもできるかもしれないが、そうではない。その差異を認識するためには、少なくとも、表4に示したような基礎になる「通常」や「秩序」が必要で、それがないならば、「違反・逸脱」や「不整合」そのものが存在しないであろう。フェアクラフが考えている「社会構造」や「社会的実践」という基礎があるからこそ、そこに「差異」が認識できるのである。

6-3 「社会」と「ことば」の統合

　「5-2の（2）」で、ディスコース分析は、社会分析に依存する傾向がある、と指摘した。このことは、「言語に対する特定の視点、すなわち他の要素と密接に関係しあっている社会生活の一要素としての言語」（フェアクラフ 2012: 4）という、ディスコースの定義から考えれば、当然の結果であろう。つまり、ことばについて考察することは、社会生活の一要素であることばについて考えることであり、それは、社会生活を考えることにならざるを得ないのである。結局、折木は、ことばが社会と深く関わっているということを、その分析（推理）で示したと考えることができよう。そして、それは、「ディスコース」の概念およびフェアクラフの基礎理論の根幹そのものである。折木は、「ディスコース」の概念とフェアクラフの基礎理論がある程度"有効である"ことを、意図せずに間接証明したことになろう。

6-4 「ジャンル」の重視

　表3から明らかなように、分析にジャンル（「行為の仕方」、「行為的意味」）

とスタイル(「存在の仕方」、「アイデンティフィケーション的意味」)が関わると、社会的実践が必ずといっていいほど関わってくる。とくに、ジャンル・スタイルと社会的実践の距離は、かなり近いと考えられる。もちろん、ジャンル・スタイルも社会的実践の一部であることを考慮しての話である。

　まず、ジャンルと社会的実践について考えてみよう。両者の距離の近さは、ある現象・出来事を「社会的実践」とするか「ジャンル」とするか、しばしば判断に迷う場面があったことからも想像できる。たとえば、ステップ5の生徒を呼び出す校内放送について考えてみよう。折木の推理が示しているように、通常は同じメッセージの発信を2回行う。2回行うことは、社会的実践なのか、それともディスコースのレベルにおけるジャンルと関わっているのだろうか、という問題である。生徒を校内放送で呼び出すときは2回メッセージを繰り返すということは社会的習慣であるということができるであろうし、いっぽう、校内放送の呼び出しジャンルでは2回繰り返すことが一般的であるということもできるであろう。この点において、社会的実践とジャンルを明確に区別することは難しいと考えられる。少なくとも本稿では、この境界線は曖昧なままにしてあるし、フェアクラフ(2012)も、この点については言及していない。

　次にスタイルと社会的実践の関係について考えてみよう。フェアクラフ(2012: 33)は、「スタイル」について、すでに「3-2」で示したように、「身体的な行動とともに現れる」と述べている。「身体的な行動」を「行為」と近い概念であると考えれば、スタイルがジャンルのレベルにおける行為、社会的実践における習慣的行為と関係が深いことは十分理解できるであろう。本稿のステップ14-3において教頭の柴崎は、目の前の謝罪文という"権威"ある文書に引きずられ、「昨日」と言うべきところを、「十月三十一日」と読んでしまった、というのが折木の推論であった。権威に引きずられた行動をするということは、「存在の仕方」の問題であり、スタイルの問題である。確かに、フェアクラフ(2012)理論では、スタイルは行動と関係が深いといえよう。

　フェアクラフの基礎理論の特徴は、「ことば」が「社会」の一部として取

り込まれている点にあるが、この取り込みを可能にしているのが、「社会的実践」と「ジャンル」の"近さ"もしくは共通性であると思われる。また、「スタイル」も「ジャンル」ほどではないが、「社会的実践」に近いといえるだろう。とくに、3者とも「行為」と深く関わっているという点で共通している。つまり「社会」に「ことば」というある意味で異質と考えられるものを取り込むには、なんらかの媒介するものが必要であると考えられる。それが「社会的実践」と「ジャンル」(少し重要度は少ないが「スタイル」)における「行為」という共通性に基づいた媒介であろう。もしこの解釈が正しいなら、ジャンルは、ディスコースの秩序を構成しているディスコース群と比べて特権的に位置づけられるべきものかもしれない。フェアクラフ(2012)は、ディスコースの秩序の要素のなかで、ジャンルにもっとも多くのページをさいている。分量がもっとも多いことを「ジャンル重視」というのは少し短絡的ではあるが、まったくの的外れではあるまい。もしフェアクラフ(2012)が、ジャンルを重視しているなら、おそらくはその理由は、上記の説明となんらかの関わりがあるのかもしれない。ただし、フェアクラフはこの点については言及していない。

参考文献

フェアクラフ、N. (2012)（日本メディア英語学会メディア英語談話分析研究分科会訳）『ディスコースを分析する―社会研究のためのテクスト分析―』東京：くろしお出版. [原著：Fairclough, N. (2003) *Analysing Discourse: Textual Analysis for Social Research*, New York: Routledge.]

フェアクロー、N. (2008)（貫井孝典監修、他訳）『言語とパワー』大阪：大阪教育図書. [原著：Fairclough, N. (2001) *Language and Power*, 2nd edition, London: Longman.]

ホール、S. (1998)（グロスバーグ、L. 編）（甲斐聰訳）「ポスト・モダニズムと節合について―ステュアート・ホールとのインタヴュー―」『現代思想臨時増刊号』26(4)：22–43. [原著：Hall, S. (1996) 'On postmodernism and articulation: an interview with Stuart Hall', in D. Morley and K-H. Chen (eds.) *Critical Dialogues in Cultural Studies*, London and New York: Routledge, 131–50.]

分析資料

米澤穂信 (2007)「心あたりのある者は」『遠まわりする雛』東京：角川書店, 129–60.

【キーワード】表象、ディスコース群、社会的行為者、前提、社会的実践

1 はじめに

　本論文は、ウェブページで紹介されている企業のビジネスに関するテクストにどのような表象が見られるのかを批判的談話分析のアプローチを用いて分析し考察するものである。「たばこ」という商品を扱うグローバル企業が、健康に関するトピックにおいて明示的・暗示的にどのような主張を行い、企業に関するどのような表象を提示し、その結果、どのような社会的実践が行われているのかを明らかにすることを目的とする。

　ウェブページのビジネス広報のテクストで提供されているのは、企業の研究・生産・営業に関する理念や活動内容であり、それは、村山（2007）が「"企業の生き様"となる考え方（Way of Thought）と行動の型（Patten of Behavior）」、すなわち、「企業哲学と企業戦略」とする企業文化であるといえる（村山 2007: 2–3）。

　本論文では、村山（2007）が主張する企業文化に関する3種類の思考形態の類型化、(1) 特殊主義・普遍主義・折衷主義・超越主義 (2) 営利性・公共性・社会性 (3) 政治力・経済力・文化力　のなかで、(2) に絞って考察していく（村山 2007: 5–7）。すなわち、事業における利益追求と政府・行政による公共性の論理と消費者・市民・地域による評価という点から企業哲学と企業戦略がどのように提示されているのかを、テクスト分析のなかで見ていく

ことになる[1]。企業の利益追求という観点はどの企業にも当てはまることであるが、たばこという製品を持つ本研究の対象企業に関しては、その製品の及ぼす公共的・社会的な影響（健康との関わりや公共の場での喫煙や未成年者への配慮など）を踏まえ、この (2) の観点からの分析が企業文化と企業戦略を明らかにするのではないかと考えた。

2 方法論

2-1 研究の観点

本論文の研究の観点として、フェアクラフによる批判的談話分析 (Critical Discourse Analysis（CDA）を用いる。フェアクラフは、CDA においてディスコースを、言語のみならず記号作用全般として捉え、それが社会的プロセスの要素のひとつとして他の要素の一部となったり、他の要素によって構成されたりするという弁証法的関係を分析する (Chouliaraki and Fairclough 1999: vii, Chiapello and Fairclough 2002: 185, Fairclough 2015a: 87)。すなわち、要素同士は異なってはいるが、完全に離れているわけではないという関係であり、たとえば、社会関係には記号的な一面がある、つまり、記号作用を内在化しているが、記号作用に還元されて記号と同様に研究されることはない（フェアクラフ 2010: 168–70）。CDA は記号作用とこのような他の社会的要因との関係に焦点を当て、制度や組織、時や場所によっても変わるその関係の性質を分析によって明確にするのである (Faiclough 2015a: 87)。

フェアクラフは、社会的プロセスを、社会構造、社会的実践、社会的出来事という三つのレベルの相互作用として捉えている。中間にある社会的実践は、社会生活において構造的な可能性を選択し維持する方法であり、社会構

---

[1] (1) 特殊主義・普遍主義・折衷主義・超越主義 は企業文化についての普遍的な問題認識と個別の問題認識を捉えていくことであり、(3) 政治力・経済力・文化力は企業文化を政治の権力・経済の財力・文化の権威で序列化し再考していくこと（村山 2007: 5-7）であるが、本論文においては、今回はこれらの観点は扱わない。

造から社会的出来事を生じさせる媒介であるとしている（フェアクラフ 2012: 30, Fairclough 2015a: 88）。そして、社会的プロセスの要素としてのディスコースの側面は、社会構造としての言語体系、社会的出来事としてのテクスト、そして、両者を結びつける社会的実践としてのディスコースの秩序として現れるのである（フェアクラフ 2012: 30）[2]。

　ディスコースの秩序の具体的な要因としてフェアクラフが挙げているのが、ジャンル、ディスコース群[3]、スタイルである（フェアクラフ 2012: 32-3）。これは、それぞれ、行為の側面において、世界の様相の解釈（表象）において、そして、アイデンティティ形成において、記号作用が社会的実践や社会的出来事の要因と関わるやり方とされる（Fairclough 2015a: 88）。ジャンルは、ディスコースの行為と相互行為に関して、その方法を示すものである。たとえば、ニュース、就職面接といった社会的実践としての行為の一部には記号の側面があり、それがその行為と関連する特徴的なジャンルなのである（Chiapello and Fairclough 2002: 193, Fairclough 2015a: 88）。ディスコース（群）は、世界の様相を解釈する方法であり、社会的行為者のいろいろな立場や観点とともに認識される。すなわち、ディスコース（群）は、記号作用および他の社会的要因によって表象を明らかにしたものといえる。たとえば、困窮している人びととの生活は、政治や医療や社会福祉などの社会的実践において、さまざまなディスコース群によって解釈される（Chiapello and Fairclough 2002: 193-4, Fairclough 2015a: 88）。そして、ある存在の仕方、すなわち、アイデンティティの一部分になっているディスコースはスタイルを形成する。たとえば、企業の管理職である人は、話し方や語彙などの点において、それにふさわしい記号的スタイルを持っていることになる（Chiapello and Fairclough 2002: 193, Fairclough 2015a: 88）。

---

2) ディスコースの秩序は、規範であり、個々の実践であると考えられる（Fairclough 2015b: 51）。
3) フェアクラフは記号作用を表す抽象名詞の discourse と区別して、普通名詞の discourse(s) を用いている。本論文の訳語は、フェアクラフ（2012）に倣い、複数形に対して、「ディスコース群」を当てている。

本論文では、ウェブページにどのような表象が見られるかを明らかにし、ディスコース群の考察を行っていく。そのために、語彙・社会的行為者・前提を観点として分析を進めていくことにする。
　語彙に関しては、「ディスコース群は特定の方法で世界を『言葉化』あるいは『語彙化』する」とする主張に基づき（フェアクラフ 2012: 196）、本論文でも語彙を分析することでディスコース群を考察することにする。語彙の具体的な分析に関しては、Fairclough (2015a) のリストを参考にして、選択された語彙の表現上の特徴やイデオロギー的意味（Fairclough 2015a: 129）について検討する。
　社会的行為者もディスコース群を特定する社会的出来事の要素の一つとされている（フェアクラフ 2012: 200）。社会的行為者は、節における参与者となったり、状況に含まれたりして表象されるが、その際、名詞か代名詞かで表象される場合もあれば、個人的か非個人的か、また、特定的か一般的かの選択もされる。さらには、社会的出来事の表象に包含されるのか排除されるのかの選択もなされるとのことである（フェアクラフ 2012: 309）。本研究では、フェアクラフ（2012）と van Leeuwen (1996) の分類を援用する。
　さらに、フェアクラフは、言語的特性によって作り出される前提を以下の三つのタイプに分けている。

　①存在の前提（existential assumptions）：存在しているものに関する前提
　②命題の前提（propositional assumptions）：事実であること、事実でありうること、あるいは事実であろうことに関する前提
　③価値の前提（value assumptions）：優良なもの、あるいは好ましいものに関する前提

　そして、これらの前提を特定のディスコース群に属するものとして捉えている（フェアクラフ 2012: 94）。本論文では、フェアクラフ（2012）で引用されている Levinson (1983) と Verschueren (1999) の観点も援用して、前提の分析を行う。

なお、ディスコース群のレベルについては、フェアクラフ（2012: 188）に基づき、ディスコースがどの程度の世界を含むのか、その規模や抽象性・一般性を見ていく。また、どのようなディスコース群が見られ、どのように結びついているのかという、ディスコースの節合については、フェアクラフ（2012: 194–5）の例5の分析を参照する[4]。ここでは、Wodak（2000）の論文を用いて、新自由主義ディスコースと社会的一体性ディスコースがどのように節合しているかについて説明している[5]。

本論文においても、これらの観点を用いてディスコース群の関係性を分析し、考察を進めていく。

2-2　先行研究

先行研究として、CDAにおけるディスコース群の概念を用いて表象の明示化を行っている研究と喫煙に関する研究を概観する。

Annandale and Hammarström（2010）は、Fairclough（1995）のCDAの観点に基づいて医学の学術論文を分析し、そこに見られる"discourse of gender-specific body"の中には"male/female difference"、"hegemonic biology"、"men's disadvantages"、"biological and social reductionism"、"the fragmented body"の5種類のdiscoursesが含まれていることを明らかにした。これにより、ジェンダーに特化した医療（gender-specific medicine）がヘルスケアを消費される

---

[4]　フェアクラフは社会的実践を、異なった要素間の節合（articulation）として捉えている。この節合は、各要素が他の要素を内面化するという弁証法的関係とされている。（Fairclough 2000: 12, フェアクラフ 2012: 32, ラクラフ・ムフ 1992）。

[5]　分析対象になった欧州理事会用の政策文書のテキストでは、「期待（hopes）」や「願望（aspirations）」の観点からの表象で「社会的一体性のディスコース」が用いられているとみられていたが、「人間的資源（human quality）」、「チームとして働く能力（the ability to work as a team）」、「効率性と順応性（efficiency and adaptability）」という語彙の持つ経済的意味、生産力増強に関する意味を伝えることで、再解釈が行われたとされている。すなわち、社会的一体性のディスコースと新自由主義ディスコースという「二つのディスコース群の鍵となるカテゴリーを意味論的関係におくような語彙を用いることにより」、二つのディスコース群が節合し、その結果、新自由主義ディスコースの正当化がなされたと分析している（フェアクラフ 2012: 195）。

ものとして商品化することになったと指摘する。

　Dewhirst and Sparks (2003) は、たばこ会社がスポーツの後援を通して若者にたばこのブランドを広めようとするそのプロセスを、intertextuality の概念を用いて考察している。ここでは、カナダのたばこ会社が、スポーツの後援によって、たばこのブランドイメージと若者が好む人間性を結びつけ、商品の宣伝効果を高めようとしていることが明らかにされた。

　Thrasher, et al. (2008)では、世界保健機関のたばこ規制枠組条約に合致する政策をメキシコ社会における価値観とどのように共鳴させて実施していくかが、「フレーム化("framing")」の概念を用いて論じられている。「中毒に関する科学ディスコース」において、喫煙の意味が「自主的な行為」から「制御不能な中毒性を伴う行為」へ「新たなフレーム化("reframing")」がなされたことを示し、「個人の決定」から「社会問題」へと喫煙を捉え直すことの重要性が主張されている。

　これらの喫煙に関する研究は、必ずしも本研究と同一の方法論を用いたものではなく、また、使用されている「ディスコース」という概念にも多少の違いがあるものもあるが、どの研究においても喫煙に関する意味づけが扱われており、喫煙の解釈の社会文化的側面とイデオロギー的重要性が伺えるものである。また、消費文化や広告文化に関する知見も見られる。本研究は、これらを参考にしながら、たばこ会社のウェブページのテクストにおける、言語使用と広告・消費に関する社会的側面との関わりを考察していく。

3　データ

　日本たばこ産業 (JT) の子会社の Japan Tobacco International (JTI) のウェブサイトのテクストを分析する。JTI は、JT が 1999 年に R. J. Reynolds を買収して設立した多国籍企業であり、現在、27000 人以上の従業員数をかかえ、120 の国で事業を行っている。なお、従業員の国籍は 100 を超えるとの

ことである[6]。

　本論文で分析の対象にしたのは、2013年に更新されたJTIのウェブサイト（英語）の "How we do business" という事業内容の項目の一つであるSmoking and health の部分である。ここでは、喫煙と健康に関する会社の方針が、以下のような見出しを冠した六つの項目に分けて述べられている。

　　Smoking and health
　　　Our positions on
　　　　・Active smoking
　　　　・Addiction
　　　　・Environmantal tobacco smoke
　　　　・Tar, nicotine and carbon monoxide (TNCO) pack prints
　　　　・Reduced-risk products
　　　　・Snus

　本論文では、見出し "Smoking and health" の下の2パラグラフのテクスト、ならびに、六つの会社方針のテクストを分析する。なお、丸括弧内の数字（(1)、(2)…）はデータの通し番号であり、各データ中の番号（①、②、③…）はパラグラフ番号である。

4　分析と考察

　第3章でみたように、データでは、テーマとなる全体の見出し "Smoking and health" の下に、六つの見出しがある。見出しが主要なテーマを含む（Allan 2004: 83）ことを考えると、これらの見出しによってディスコースが同定されると考えられる[7]。したがって、データ全体としては、「喫煙と健

---

[6]　http://www.jti.com/our-company/jti-at-a-glance/（2015年1月9日取得）の情報に基づく。
[7]　フェアクラフ（2012）は、テクストにおける主要テーマもディスコース（群）を示すとしている（フェアクラフ 2012: 109）。

康のディスコース」があり、その大きな規模のディスコースの中に、「能動的喫煙」「中毒性」「間接喫煙」「やに・ニコチン・一酸化炭素（TNCO）の包装印刷」「害の少ない商品」「Snus」のディスコースが含まれていると考えられる。

　本論文では、上記のそれぞれのディスコースは、どのような表象を持ち、どのようなディスコース群を含んでいるのか、それらがどのように節合しているのか、その結果、喫煙と健康に関する全体のディスコースとどのような関係性を持っているのかを分析する。それにより、企業が喫煙と健康をどのように表象しようとしているのかが明らかになるのではないかと考える。

4-1　喫煙と健康のディスコース

　まず、全体の見出し"Smoking and health"の下の二つのパラグラフの分析を行う。これらは本論文で分析するテクスト全体に関わる内容が提示されている部分で、喫煙と健康に関するJTIの主張といえる。

　（1）Smoking and health
　①JTI recognizes that cigarettes are a legal but controversial product. People smoke for pleasure but there are real risks that come with that pleasure. Accordingly JTI believes that tobacco products should be appropriately regulated.
　②JTI also believes in the freedom of adults to choose whether they want to smoke and that no one should smoke unless he or she understands the risks of doing so. These risks distinguish tobacco from most consumer goods and they place upon the industry a real responsibility. It's a responsibility for which JTI expects to be held accountable, together with governments and the rest of society.
　＜要約＞JTIは、たばこは違法ではないが問題のある製品であり、嗜好品であるがリスクを伴うものであることを認識しているため、適切に規制されるべきだと考えている。また、リスクを理解しないのなら喫煙

するべきではないと考え、たばこ特有のこのようなリスクに関して、JTI は政府や社会とともに責任があるとしている。

　まず、第 1 パラグラフでは、たばこについての JTI の認識が示されている。1 文目で、たばこは違法ではないが問題視されているという命題が事実として前提化されていることが、トリガーとしての叙実動詞 "recognizes" により示され、その危険性が暗に伝えられている。2 文目では、たばこは嗜好品ではあるがリスクを伴うものだとし、第 1 文の命題内容をより具体的にして強調している。risk は「自己の責任において冒す危険」であり[8]快楽の代償が現実にありうるとする。このように、第 1、第 2 文において、危険性のディスコースが認められる。第 3 文は、前の 2 文の危険性の視点を受け("accordingly")、適切な規制の必要性が表象されている規制ディスコースとなっている。

　第 2 パラグラフでは喫煙者の権利を尊重するとしながらも、喫煙のリスクを理解しないのなら吸うべきではないという主張が述べられ、危険性の表象のもとでたばこが語られている。最後の 2 文では、責任の視点が入れられ、それを担う社会的行為者として「特定化」された JTI や「一般化」[9]された政府や社会が指定されており、当事者としての JTI だけでなく、各国政府や社会全体が同意して責任の所在を認めることが期待されているかのような、責任ディスコースが作られている。なお、責任について、まず、"It's a responsibility for which JTI expects to be held accountable" と述べながらも、"together with governments and the rest of society" と付加することで公共性を担う政府や社会に言及しており、これによって責任の希釈化がなされているともいえる。

　このように、(1) のテクストでは、危険性ディスコース、規制ディスコース、責任ディスコースが節合している。すなわち、「喫煙と健康」の六つの

---

[8] ハイパー英和辞書 (http://ejje.weblio.jp/content/risk 2015 年 4 月 29 日取得)
[9] 「特定化」や「一般化」などの社会的行為者のカテゴリー分けは、van Leeuwen (1996) の分類に基づいている。以下同様である。

方針のテクストでは、たばこはリスクがあるから規制の必要が生じており、それを誰かが担う責任があるという表象が提示されるのではないかと予測できる。

4-2 能動的喫煙ディスコース

(2) Active smoking
① Smoking is a cause of serious diseases including lung cancer, coronary heart disease, emphysema and chronic bronchitis.
② This conclusion has been drawn from studies which, taken as a whole, show that smokers are at a greater risk of developing these diseases compared to non-smokers and that stopping smoking reduces this risk over time.
③ While smoking is a cause of these diseases among smokers, there are other risk factors for the individual smoker, including lifestyle, occupation, environment and genetic pre-disposition. All relevant risk factors need to be taken into consideration when investigating the cause or causes of a disease in any smoker.
④ If you want to avoid the risks of smoking, you should not smoke.
＜要約＞喫煙は肺癌などの重病の原因となることがわかっているが、喫煙者の病気には喫煙以外の要因も含まれる。ただし、病気のリスクを回避したいならば喫煙するべきではない。

第1パラグラフ第1文の Smoking is a cause of serious diseases" において、喫煙と病気の関連性を "is" を用いて断定している。"lung cancer, coronary heart disease, emphysema and chronic bronchitis." といった具体的な病気の名前を挙げ、これらを "serious diseases" だとすることで、喫煙をすることが何をもたらすのか、その怖さを客観的に述べている。能動的喫煙のディスコースが最初の文からこのように抽象度の低い医学ディスコースにおいて語られていることは注目するべきだと考える。すなわち、たばこを吸うという

ことは具体的な病気のことを考えることであるという強い主張がみられるからである。ただし、喫煙による病気の原因には "a cause of serious diseases" と "a" がついており、喫煙が主要な原因というよりも、いくつかある中の一つとされている。第3パラグラフでも同様の扱いである。

第2パラグラフでは、このような結論が研究から導き出されたという説明と、社会的行為者が「一般化」された smokers と non-smokers に二分されて対比され、病気に関するたばこの影響に焦点があてられており、引き続き医学ディスコースとなっている。

第3パラグラフは喫煙者の病気をもたらすリスク要因がトピックとなっている。言語的には、"genetic pre-disposition" という専門的な語彙が見られ、内容としては、喫煙は病気の原因ではあるが、原因はそれだけではないとして、正確な医学情報が提示されている。このようにここでは、医学ディスコースとなっているが、そこに、リスク要因の観点が付加されており、危険性ディスコースが節合しているといえる。社会的行為者は喫煙者だけであるが、"among smokers"、"the individual smoker"、"in any smoker" とあるように、ここでの喫煙者は「一般化」され、どの喫煙者にも当てはまるとされている。ここで焦点を当てられているのは、"smokers" ではなく、"a cause of these diseases" であり、"risk factors" であって、喫煙者は修飾的である。

最後のパラグラフでは、ウェブページ閲覧者を "you" と呼ぶことで統括的個人化[10] を行い、あたかも直接注意をしているかのように記述している。「リスクを避けたいのなら喫うべきではない」として、喫煙は病気の原因であるという命題の前提に基づく主張で呼びかけている。ここは、喫煙の危険性ディスコースといえる。

---

10) 統括的個人化 (synthetic personalization) は、実際には、人びとをひとまとめとしながらも、あたかも個人として扱っているような印象を与える手法である (Fairclough 2015b: 85, 林 2008: 261–4)。

4-3　中毒性ディスコース

(3) Addiction

① Many smokers report difficulty quitting smoking. The reasons they offer vary. Some say they miss the pleasure they derive from smoking. Others complain of feeling irritable or anxious. Others speak simply of the difficulty of breaking a well-ingrained habit. Given the way in which many people – including smokers – use the term 'addiction', smoking is addictive.

② But no matter how smoking is described, people can stop smoking if they are determined to do so. No one should believe that they are so attached or 'addicted' to smoking that they cannot quit.

③ Over the past decades, millions of people – all over the world – have given up smoking. Most have done so by themselves. Recent studies have shown that the majority of ex-smokers have quit without treatment programs or other assistance. Other former smokers have used the many smoking cessation products or programs that are available.

＜要約＞

禁煙の困難さが多く報告されており、喫煙は中毒性があると言われているが、禁煙できないということはない。実際、世界中で何百万人もの人が禁煙に成功している。

第1パラグラフでは、まず、禁煙に関する表象が顧客の意見として示され、禁煙ディスコースがみられる。そこには、多くの人が禁煙を試みたことがあるという命題の前提があり、"difficulty"によって、禁煙についてのハードルが上げられている。「一般化」された社会的行為者の喫煙者(Some、Others)の意見を挙げ、やめられない理由が特殊ではなく、また、いろいろあるとすることで、禁煙の困難さが強められている。そして、最後の文で

は、医学的な証拠ではなく、このような禁煙の困難さという人びとの経験を踏まえたうえでの中毒性の表象が提示されている。このように、最後の文で、中毒性ディスコースが禁煙ディスコースに節合している。

　第2パラグラフは、喫煙者を表す「一般化」された社会的行為者の"people"を主体にすることで、誰でも禁煙できるという主張を強めている禁煙ディスコースとなっている。

　第3パラグラフでも同様に、禁煙ディスコースとなっている。ここでは、禁煙実行者を「数量化」し、"millions of people – all over the world –"と、グローバル企業らしく人数の多さと地域の広範性を表象しており、ほとんどの人が独力でできるとすることで、禁煙の容易さの表象を強調している。さらに「数量化」を用いて、元喫煙者の大多数"The majority of ex-smokers"が治療プログラムなしで禁煙したとしている。禁煙は治療プログラムにしたがって行われるという命題の前提のもと、それが必要ないということで現実の禁煙の手軽さを主張している。また、禁煙のための商品やプログラムを使用する場合もそれらの手段が多いことが示され、禁煙の手軽さの表象がさらに強調されている。

4-4　間接喫煙ディスコース

　（4）Environmantal tobacco smoke
　① Environmental Tobacco Smoke (ETS – also known as second-hand smoke) is a mixture of the smoke that drifts from the burning end of a cigarette between puffs and the exhaled smoke from smokers nearby.
　② In poorly ventilated areas, ETS can cause irritation of the eyes, nose and throat. It may also worsen childhood respiratory tract infections, as well as some childhood respiratory conditions such as asthma. Furthermore, a number of studies have linked ETS with Sudden Infant Death Syndrome (SIDS).
　③ Based on the current science, JTI does not believe the claim has been proven that ETS is a cause of diseases such as lung cancer, coronary

heart disease, emphysema and chronic bronchitis.
④ Many people have concerns about exposure to ETS. All smokers should show consideration for those around them. JTI strongly advises against smoking when children are present.
⑤ JTI promotes practical and effective solutions, such as separate smoking and non-smoking areas, which accommodate the legitimate interests of smokers and non-smokers.

＜要約＞

副流煙は、火のついたたばこの煙と喫煙者が吐き出す煙の両方を指す。換気が悪いと、副流煙によって目鼻喉に炎症を起こし、とくに、子どもの呼吸器系の病気や乳児の突然死を引き起こす可能性がある。喫煙者は副流煙についての配慮をするべきであり、JIT は分煙や喫煙エリアの実施を進めている。

第1パラグラフは、科学的な語彙と内容で副流煙が表象されている科学ディスコースである。

第2パラグラフは、病気の語彙、人間を社会的行為者として含まない客観性により副流煙の影響が表象されており、医学ディスコースとなっている。断定はしないものの、"can" や "may" によるモダリティや "have linked" によって、その危険性が示唆されている。

第3パラグラフでは、"believe" がトリガーとなって、肺や心臓や気管支に関する病気の ETS 原因説があるということが命題の前提になっており、それを否定する医学ディスコースである。主張をする社会的行為者は JTI であり、"Based on the current science" によって科学的な知識のある専門家としての「特定化」とこの前提に対する「作用化」で、否定の主張が強められている。

第4パラグラフでは、"Many people"、"All smokers should" という社会的行為者の「数量化」により、ETS が深刻な問題であることが社会で共有されていることが示されていることが表象され、副流煙に対しての配慮ディス

コースとなっている。とくに子どもへの配慮については、JTI が主体となって警告がなされており、この特定化と作用化により、企業としての JTI の確固たる態度がみられる。

第 5 パラグラフでは、JTI の "smokers" と "non-smokers" という「一般化」された幅広い社会的行為者への配慮が表象される対策ディスコースとなっている。すなわち、ETS に関して、喫煙者と非喫煙者という本来は対立するグループではあるが、その両方の利益に供する策を考えているという主張である。

4-5　やに・ニコチン・一酸化炭素（TNCO）の包装印刷ディスコース

(5) Tar, nicotine and carbon monoxide (TNCO) pack prints

① Tobacco smoke is a complex mixture and consists of both particulate and gas phases. The particulate phase is comprised of tar, nicotine and water. The gas phase includes carbon monoxide.

② The amounts of tar, nicotine and carbon monoxide (TNCO) produced by a cigarette vary from product to product and depend on how it is smoked. In many countries, legislation requires TNCO smoke yields to be printed on cigarette packs.

③ To determine these TNCO yields, cigarettes are smoked in specially designed machines and the smoke tested for these components, and others, in accordance with validated methods, such as those developed by the International Organization for Standardization (ISO).

④ JTI believes that TNCO pack prints can be informative to consumers, allowing them to compare machine-derived TNCO yields between products and to select specific products according to their preference.

⑤ However, TNCO pack prints do not, and were never intended to, indicate the levels of tar, nicotine or carbon monoxide that an individual smoker will inhale. The amount of smoke an individual smoker takes in depends on the way he or she smokes as well as the

type of cigarette.
⑥ There is no safe cigarette. Products with lower TNCO pack prints compared to other products are not necessarily any less harmful for the individual smoker.

＜要約＞
たばこのやに・ニコチン・一酸化炭素（TNCO）の量は商品や吸い方によって決まるが、その量をたばこ包装に印刷することを義務づけている国も多い。なお、印刷されているTNCOの量は喫煙者が吸い込む量ではなく、また、TNCOの量が少ないからといって必ずしも喫煙者の健康への害が小さいわけではない。

　第1パラグラフでは、たばこの煙についての表象が見られ、構成物質についての科学的内容・語彙（"particulate"、"gas"、"tar, nicotine"、"carbon monoxide"）、無生物主語の構文による科学ディスコースが構成されている。
　第2パラグラフでは、喫煙者やたばこ会社や多くの国の為政者が主体として表現されていない。すなわち、TNCOの量に関して科学的観点（第1文）とそれに基づく法律上の観点（第2文）から表象がなされおり、ここでは、科学ディスコースと法律ディスコースが節合しているといえる。
　第3パラグラフも、第2パラグラフと同様、喫煙者やたばこ会社や多くの国の為政者は主体として表現されていない。TNCO産出量の表象は、煙やテストについて受動態で書かれた科学ディスコースとして提示されており、これらの実験を行う主体やその利益を受ける人は明示されていない。
　第4パラグラフでは、印刷されているTNCO量の情報が消費者の利益に配慮しているという観点でその包装が表象されている包装印刷ディスコースである。
　第5パラグラフも、包装印刷ディスコースである。その中で、喫煙者が吸い込むTNCO量が重要であるという命題の前提のもと、印刷してあるTNCOの量は喫煙者が吸い込む量ではないことを伝えている。さらに、"were never intended to"の表現からは、TNCOの数値の解釈に慎重さを期

している企業側の態度が伺える。

　第6パラグラフは商品としてのたばこが、その安全性は楽観視できないという観点から表象されている商品ディスコースである。ここでは、商品に印刷してある TNCO の量と喫煙者の健康への被害との関係性について、"not necessarily any less harmful" と、断定が避けられ、また、主張の主体の明示化もなされていない。

4-6　害の少ない商品ディスコース

(6) Reduced-risk products

① JTI is committed to developing, testing and bringing to market new forms of tobacco products with the potential to reduce the health risks from tobacco use.

② While these risks cannot be completely eliminated, JTI is working to develop reduced-risk products which are acceptable to adult users of tobacco products.

③ For example, work continues to develop products which may reduce health risks, such as those that heat tobacco rather than burn it. JTI also manufactures oral smokeless tobacco products such as 'snus', which may be less hazardous to health than many other tobacco products currently available.

④ Overall, JTI believes that:

・It is in the common interest of public authorities and tobacco product manufacturers to make a success of reduced-risk tobacco products that meet consumer expectations. That means allowing adult users of tobacco products to try and evaluate such products, if they wish to do so, once they are appropriately informed about the health risks;

・Public health bodies, regulatory authorities, the scientific community and the tobacco industry should collaborate to develop policies and frameworks for the development and sale of such products.

⑤ JTI is committed to working with public health bodies and regulatory authorities to create the framework that will allow these products to be made available.

＜要約＞
JTIは、医療関係者や行政や科学者と連携し、健康被害を減らすことのできる商品の開発・販売に献身的に取り組んでいる。

　第1パラグラフでは、健康への害を減少できるような商品としてのたばこの表象を、商品開発・検査・販売ディスコースにおいて提示している。
　第2パラグラフでは、健康への害を減少できるような商品を開発するとして、商品開発ディスコースの中で、商品が表象されている。社会的行為者については、企業だけでなく、顧客の社会的行為者も明示されている。すなわち、adult users of tobacco という「一般化」により、特定的ではない、広い顧客に満足してもらえるものを目指すという顧客サービスを意識したテクストであるといえる。害の少ない商品開発ディスコースは誰のためかということをこのパラグラフでは述べていることになる。完全にリスクを無くすことはできないと認めているものの、リスクを減らすことはたばこ商品として意味のあることという命題の前提が見られる。
　第3パラグラフは、burn ではなく heat であるとしたり、snus を他の多くの商品と比べてリスクが少ないことを述べたりすることで、害の少ない商品開発の観点をより現実的に具体的に提示している商品開発ディスコースである。害の減少の実現は未確定であることが "may" によるモダリティとして表されているが、企業がそれに取り組んでいることは、「特定化」された社会的行為者（"JTI"）によって表されている。
　第4・第5パラグラフでは、害の少ないたばこ製品と種々の社会的行為者との関係が商品開発・販売ディスコースにおいて表象されている。消費者のために害の少ないたばこ製品を開発と販売することは "public authorities" と "tobacco product manufacturers" が共に関心を寄せていることであるとして、JTIの公的貢献のイメージが作り出されている。また、害のないたばこ

製品はないということから、リスクを減らすためには新商品の開発が必要だという命題の前提が見られる。そして、そのもとでの、医療関係者や行政や科学者という専門家として集合的に表象された社会的行為者とJTIとの連携の記述は、現実的な手法という点で説得力があると考えられる。

4-7　Snus ディスコース

(7) Snus

① Snus is an oral smokeless tobacco product traditionally manufactured in Sweden.

② There is no safe tobacco product and snus, like other tobacco products, poses risks to health. But compared to many other tobacco products currently available, scientific evidence strongly suggests that the consumption of snus is less hazardous to health.

③ However, not every country currently allows snus to be sold.

④ JTI therefore believes that:

・Adult consumers who choose to use snus should, once appropriately informed about the health risks, have the opportunity to do so;

・Governments should allow snus and other smokeless tobacco products to be sold, subject to proportionate regulation – including to prevent them from being used by minors.

⑤ JTI does not make any health claims about snus in its marketing. JTI does not market snus, or any other tobacco product, to minors or to non-users of tobacco products.

＜要約＞
煙の出ないたばこ商品snusは、他のたばこと比べて健康への害が少ないことが科学的に証明されているが、その販売は規制されている。JTIは顧客の権利を主張しながらも、snusや他のたばこ商品に関する過度な販売戦略を進めることは控える。

第1パラグラフは商品の特徴と生産地という観点でsnusが表象されている商品説明ディスコースである。
　第2パラグラフでは、危険性ディスコースにおいて、snusの健康への害についてその少なさが伝えられ、そこに科学ディスコースが節合して、安全性への説得力を加えている。
　第3パラグラフでは、"However"によって、このようなsnusがすべての消費者が購入できるわけではないことが政策ディスコースとして伝えられている。国によって製品認可の基準が異なるという命題の前提のもと、「一般化」された社会的行為者としての国によっては、snusを認可していないところがあるという現実が示されている。その社会状況を受けて、JTIは第4パラグラフにおいて、以下のように考えを表明している。
　まずは、政策ディスコースにおいて、消費者の権利が認められることを主張している。"once appropriately informed about the health risks"によって、健康被害が皆無ではないことを消費者自身が納得したうえでのsnusの使用の権利を認めることは、彼らの利益につながるものであり、顧客の便宜を図る企業としての強い主張となる。その顧客のための主張として、第2文では、未成年者の使用禁止を含む規制を課したうえでsnusや他の無煙たばこ製品の販売を許可することを促している。
　最後は、snusが販売される商品として表象される販売ディスコースである。ここでは、JTIはsnusおよび他のたばこ商品の過度の販売を自ら規制するという、「特定化」された社会的行為者の「作用化」が打ち出されている。すなわち、snusを健康機能食品にしないということと、snusと他のたばこ商品を未成年者に売らないということである。健康機能食品にするということは体に良いという属性を付加することであり、未成年や非喫煙者に売るということは、リスクがないわけではないのに、リスクが低いということを理由にして、本来の消費者の範囲を拡大しようということである。このように、JTIの誠実さがアピールされていると考えられる。

5　ディスコース群の関係性

　第4章で分析したディスコース群がどのように結びつき、どのような関連性を持っているのかを考察する。

　まず、能動的喫煙ディスコースでは、より抽象度の低い医学ディスコースに抽象度の高い危険性ディスコースが節合しているのが見られた。

　次に、中毒性ディスコースでは、禁煙ディスコースと中毒性ディスコースのディスコース群が見られた。"Addiction"が見出しであるため、中心となるのは中毒性ディスコースであろうと期待されたが、実際は、中毒性ディスコースは節合という形で存在し、医学的な証拠は否定されていた。そして、禁煙ディスコースが中心となり、禁煙が容易にできるという観点で喫煙が表象されていた。すなわち、危険性ディスコースとして、たばこを吸わないことが語られていたといえる。

　間接喫煙ディスコースには、科学ディスコースと医学ディスコース、配慮ディスコース、解決策ディスコースのディスコース群が見られた。科学ディスコースと医学ディスコースは、因果関係において節合され、より規模の大きい危険性ディスコースに含まれると考えられるが、そのリスクの一部は否定されている。そして、リスクの可能性と社会の共有認識に基づいた配慮ディスコースと、それを具現化する解決策ディスコースが節合している。これらは、責任ディスコースを構成しているといるといえる。

　やに・ニコチン・一酸化炭素の包装紙印刷ディスコースには、科学ディスコースと法律ディスコースと商品ディスコースのディスコース群の節合がみられた。TNCOについて、科学的観点から正確な情報を提示するとともに、その扱いについては法的見地と実際の消費者によるものという、より社会的な観点からの情報と提案が出されており、責任の視点がみられる。すなわち、TNCOの表象が科学的観点から社会的観点へ移行することによって、商品の提供だけではない、よりいっそう顧客に寄り添った企業によるサービスの実践がなされていると考えられ、それはまた、責任ディスコースを構成することになる。

害の少ない商品ディスコースには、商品開発・検査・販売ディスコースが見られた。これは、害の減少は未確定ながら、いろいろな社会的行為者との協力により、顧客サービスの充実と公的貢献を目指す企業のイメージが提示されていることになり、ここでも、責任ディスコースを作り出していると言える。

　最後に、Snusディスコースであるが、これは、本来、害の少ない商品ディスコースに含まれるものであると考えられる。ここでは、商品説明ディスコース、危険性ディスコース、科学ディスコース、政策ディスコース、販売ディスコースのディスコース群の節合が見られた。そして、これらのディスコース群は、全体として、新しいSnusという商品を紹介し、その販売という社会的実践を進めながらも、顧客のために過度の販売行為を自ら規制するという、規制と責任のディスコースとしてまとめられると考えられる。

　このように、会社の方針では、まず、危険性のディスコースとして病気に関して警鐘を鳴らしており、その後、責任と規制と法律のディスコースとして企業の実践が提示されていることがわかった。

6　まとめ

　異なるディスコース群の節合によって、企業の主張と顧客のための商品提供に関する社会的実践、および非喫煙者に対する企業の社会的実践がどのようになされているのか、その一端が明らかになった。第1章で挙げた観点のうち、とくに公共性・社会性に関しては、喫煙者と非喫煙者および社会への配慮を行っている商品としてたばこが表象されていた。営利性については、商品開発についての社会的行為が責任の観点で示されていた。さらに、たばこによる健康被害や環境問題における複雑な因果関係の示唆がなされ、政府などの公的な社会的行為者との連携による対処が求められていることが示されていた。すなわち、たばこビジネスは慎重さが求められるものであり、ネガティブな評価や未解決要因といったものへの対応を怠ることができないものとして表象されていることがわかった。このような表象は、本論文

のデータとなったグローバル企業に関して、たばこの被害による訴訟回避のためのディスコースとして解釈することも可能かもしれない。

　本論文では、喫煙と健康の観点から、たばこ会社のウェブページのテクストにおいて、商品をめぐるさまざまな現実が構築されたことを確認した。それは、たばこに関する種々の表象とともに、具体的な病気や禁煙行為から抽象的なリスクや責任に関する幅広い表象を捉える作業でもあった。

参考文献

高木佐知子（2016）「企業文化の表象の比較研究―たばこ会社のウェブページ分析をもとに―」三牧陽子・村岡貴子（編著）『インターカルチュラルコミュニケーションの理論と実践』くろしお出版, 185–201.

高原脩・林宅男・林礼子（2002）.『プラグマティックスの展開』東京：勁草書房.

林礼子. (2008)「統括的個人化」林宅男（編著）『談話分析のアプローチ―理論と実践―』東京：研究社, 261–4.

フェアクラフ、N. (2010)（高木佐知子訳）「社会科学研究におけるひとつの方法論としての批判的談話分析」野呂香代子（監訳）『批判的談話分析入門』東京：三元社, 167–91.［原著：'Critical discourse analysis as a method in social scientific research', in R. Wodak and M. Meyer (eds.) *Methods of Critical Discourse Analysis*, London: SAGE, 121–38.］

フェアクラフ、N. (2012)（日本メディア英語学会メディア英語談話分析研究分科会訳）『ディスコースを分析する―社会研究のためのテクスト分析―』東京：くろしお出版.［原著：Fairclough, N. (2003) *Analysing Discourse: Textual Analysis for Social Research*, New York: Routledge.］

村山元英 (2007)「企業文化論の誕生」『中京経営研究』17（1・2）: 1–15, 中京大学.

ラクラフ、E.・C. ムフ (1992)（山崎カオル・石沢武訳）『ポストマルクス主義と政治―根源的民主主義のために―』東京：大村書店.［原著：Laclau, E. and Mouffe, C. (1985) *Hegemony and Socialist Strategy*, London: Verso.］

Annandale, E. and Hammarström, A. (2010) 'Constructing the "gender-specific body": A critical discourse analysis of Publications in the Field of Gender-specific Medicine', *Health* 15(6): 571–87.

Allan, S. (2004) *News Culture*, second edition, Berkshire: Open University Press.

Chiapello, E. and Fairclough, N. (2002) 'Understanding the new management ideology. A transdisciplinary contribution from Critical Discourse Analysis and New Sociology of Capitalism', *Discourse & Society* 13(2): 185–208.

Chouliaraki, L. and Fairclough, N. (1999) *Discourse in Late Modernity: Rethinking Critical*

Discourse Analysis, Edinburgh: Edinburgh University press.
Dewhirst, T. and Sparks, R. (2003) 'Intertextuality, tobacco sponsorship of sports, and adolescent male smoking culture: A selective review of tobacco industry documents', *Journal of Sport and Social Issues* 27 (4): 372–98.
Fairclough, N. (1995) *Media Discourse*, London: Edward Arnold.
Fairclough, N. (2000) 'Discourse, social theory, and social research: The discourse of welfare reform', *Journal of Sociolinguistics* 4 (2): 163–95.
Fairclough, N. (2015a) 'A dialectical-relational approach to critical discourse analysis in social research', in R. Wodak and M. Meyer (eds.), *Methods of Critical Discourse Studies 3rd eidition* , London: SAGE, 86–108.
Fairclough, N. (2015b) *Language and Power (3rd edition)*, London: Longman.
Fairclough, N., Jessop, B., and Sayer, A. (2002) 'Critical realism and semiosis', *Journal of Critical Realism* 5 (1): 2–10.
Levinson, S. (1983) *Pragmatics*, Cambridge University Press.
Thrasher, J., et al. (2008) 'Promoting the effective translation of the framework convention on tobacco control: A case study of challenges and opportunities for strategic communications in Mexico', *Evaluation & the Health Professions* 31 (2): 145–66.
Van Leeuwen, T. (1996) 'The representations of social actors', in C.R. Caldas-Coulthard and M. Coulthard (eds.) *Text and Practice: Readings in Critical Discourse Analysis*, London: Routledge, 32–70.
Verschueren, J. (1999) *Understanding Pragmatics*, London: Arnold.
Wodak, R. (2000) 'From conflict to consensus? The co-construction of a policy paper', in T. Muntigl, G. Weiss, and R. Wodak. (eds.) *European Union Discourses on Un/Employment*, Amsterdam: John Benjamins, 73–114.

辞書
ハイパー英和辞書 (http://ejje.weblio.jp/content/risk 2015n 年 4 月 29 日取得)

分析資料
http://www.jti.com/how-we-do-business/smoking-and-health (2015 年 1 月 9 日)

【キーワード】伝達の仕方、インフォーマル化、ナラティブ、王室報道、皇室報道

1 はじめに

本稿は、*New York Times* 紙が英日の royal baby 誕生をその生誕翌日に報じた記事 "Royal Couple Make First Appearance With Infant Son"（7/23/2013）（以下 "Royal Couple"）と "Japan Royal Birth Stirs Talk of Return to Empress"（12/2/2001）（以下 "Japan Royal Birth"）を、伝達の仕方、インフォーマル化、ナラティブの観点から分析し、その類似と相違を明らかにしようとするものである（前者の記事本文は1183語、後者は1119語）。

フェアクラフは伝達の仕方を間テクスト性の概念と結びつけ、「直接的な伝達や、引用された発話または文章」を「とくに留意」すべき間テクスト性の形式としている。そしてその間テクスト性について、「間テクスト性と前提とのあいだには、差異と対話性に対する開放性の観点から見て（前者は開かれていて後者は開かれていない）、広範な対照がある」（フェアクラフ 2012: 82）とし、開放性をもたらすものとして捉えている。本稿の第一の目的は、間テクスト性の重要な形式の一つである伝達が、英日 Royal Baby 誕生報道記事において開放性をもたらしているのかどうかを検証することである。

「社会のインフォーマル化は、もっとも発達した民主主義社会の、とくに

第二次世界大戦後の社会生活で、権力と権威の関係がより暗示的になり、その関係を成立させている相互行為がよりインフォーマルになる傾向である」（フェアクラフ 2012: 310）が、いっぽうで王室・皇室は聖性の維持を必要としている。本稿の第二の目的は、王室・皇室がインフォーマル化する社会でどのように振る舞い、そしてメディアがどのように報じているかを分析することである。

　ナラティブに関して、フェアクラフは文学研究におけるナラトロジーの理論を援用し、ファビュラとストーリーという用語を用いて分析している。ファビュラとは「ストーリーを形成する材料あるいは内容」、「論理的・時間的に関連し合った一連の出来事」であり、ストーリーとは「『ある仕方で提示された』ファビュラである」（フェアクラフ 2012: 135）[1]。本稿の第三の目的は、royal baby 誕生という点でファビュラに共通性を持つ両記事が、そのファビュラをそれぞれどのようなストーリーとして提示しているのかを考察することである。

　言うまでもなく、*New York Times* 紙の読者にとって、両記事に関するコンテクストはまったく異なる。一般のアメリカ人にとって、歴史的な関係の深さや文化的親近性から、イギリス王室の話題は、日本の皇室に比べて、はるかになじみのあるトピックであろう[2]。本稿では、このコンテクストの違い

---

1)　E. M. フォスター（『小説とは何か』）などに基づく伝統的な文学研究者にとっても、ロシア・フォルマリズムの研究者にとっても、このフェアクラフの（バルに基づく）用語の使い方は混乱を招きかねないものである。フェアクラフが定義しているファビュラとストーリーという概念は、ロシア・フォルマリズムの用語法ならばファビュラとシュジェートとなるし、フォスターの用語法ならばストーリーとプロットとなる（プリンス 1997: 62,144,178,184）。

2)　したがって、読者に新しい情報を与えるという報道記事の基本機能を考えれば、雅子妃の懐妊に関する記事がケイト妃のそれよりも多く掲載されていることは当然と言えよう。雅子妃懐妊に関しては、2001 年 4 月 16 日、4 月 22 日、5 月 10 日、5 月 16 日、5 月 20 日、11 月 18 日（順に記事のタイトルのみ記す："Japan's Imperial Family Reports Princess Masako Expecting Child," "Business: Diary; Where Pregnancy News Breeds Exuberance," "World Briefing Asia: Japan: Equal Opportunity Throne?" "Japanese Are Told Officially That the Princess Is Expecting," "May 13-19; Expecting," "Royal Baby Is Due Soon, And Apathy Grips Japan"）に関連記事が掲載されているが、ケイト妃の懐妊に関しては、2012 年 12 月 3 日の記事 1 本のみ（"Royal Baby a 'Delight,' Especially to Britain's Tabloids"）である。（もっとも、ケイト妃が入院し

を前提としつつ、royal baby 誕生の翌日の報道記事という稀な一致を捉えて、両記事の比較分析を試みる。

2 先行研究

皇室・王室報道に関する論文のうち、本稿と関連する先行研究を挙げる。木村ほか (2006) は、2004 年 5 月の皇太子のいわゆる「人格否定」発言に関する日本の 4 大新聞の皇室報道を、報道記事の大きさ (総面積)、記事の高さ (紙面における記事の開始位置)、見出しにおける敬語「ご」の頻度とその文字面積 (「ご」の文字の大きさ) に着目して、比較研究した。この論文は、タイの王室報道と日本の皇室報道を比較することからその端緒をえており、「イギリスに代表されるヨーロッパの王室やアジアの国々の王室」に関する報道と皇室報道を比較することによって「より広い視野をもったグローバルな研究が可能となる」と指摘した。

村松 (1991) は、1990 年の朝日新聞掲載の雑誌広告の見出しに現れる皇室像を、ジェンダーの視点から分析し、女性皇族が男性皇族よりも見出しに登場する回数が多いことのなかに、女性皇族を利用して国民との親近感を生もうとしている意図を読み取った。さらに、その見出しに表現される女性皇族の姿に、伝統的な女性役割の美化を見出した。

Marsden (1993) は、アメリカ人のイギリス王室への興味を、テレビやタブロイドなどの大衆文化の展開と結びつけながら、現代のイギリス王室が抱える聖と俗の緊張関係が生み出すドラマ性に見出した。また、ジェンダーの側面からも分析し、イギリス王室における女王の存在の大きさをアメリカ大統領職がもっぱら男性のみによって占められてきたことと対比し、それがアメリカ人にとって魅力の一つである可能性を示唆した。

ていた病院にかかってきたいたずら電話を誤って取り次いでしまった看護師の自殺に関しては、複数の記事が扱っている。) また、雅子妃の懐妊に関する 6 本の記事において、男子のみに皇位継承権があることに触れたものが 4 本 (4 月 16 日、5 月 10 日、5 月 16 日、5 月 20 日) ある。後に論ずるが、*New York Times* 紙が関心を寄せているのは、懐妊そのものよりもこのことである。

Benoit and Brinson（1999）は、エリザベス女王がダイアナ妃の事故死に際して出した特別声明におけるイメージ回復ストラテジー（Image Restoration Strategies）を分析した。死去したダイアナ妃に対する王室の対応が冷たいのではないかという英国民の世論を受けて、女王は主として否定（denial）とイメージアップ（bolstering）の、また従として無効化（defeasibility）と超越（transcendence）のストラテジーを用いていると結論づけた。

3　伝達の仕方

3-1　引用符を用いた直接伝達

まず、引用符を用いた直接伝達について考察する。

3-1-1　"Royal Couple" にみられる直接伝達は以下である（直接引用には下線を付した）。

(a) After a long day spent in the privacy of a hospital maternity suite, Prince William and his wife, the former Kate Middleton, emerged on Tuesday evening into the public spotlight outside, taking turns cradling their infant son, with Prince William telling reporters massed on the sidewalk that "We're still working on a name."（病院の産科病室で家族水入らずの長い一日を過ごしたのち、ウィリアム王子と妻、旧氏名ケイト・ミドルトンは、交互に幼子の息子を抱きながら、火曜日の夕方、世間の注目があつまる病院の外へと姿を現した。ウィリアム王子は歩道に集まる報道陣に「名前についてはまだ考えているところです」と語った。）

(b) "He's got a good pair of lungs on him, that's for sure," Prince William said in response to questions from a packed gallery of reporters and photographers, as he held the infant in his arms, with Kate, formally known as the Duchess of Cambridge, standing beside him. "He's a big boy. He's quite heavy. We're still working on a name, but we will have that as soon as we can." (「この子はとても大きな声で泣くんです、それは間違いありません」とウィリアム王子は、腕に幼子を抱き、正式にはケンブリッジ侯爵夫人と呼ばれるケイトがかたわらに立つなか、密集した報道陣とカメラマンからの質問に答えて言った。「大きな男の子です。とても重いです。名前についてはまだ考えているところですが、できるだけ早く決めたいと思っています。」

(c) Kate, who held the baby with one arm to wave, passed the child carefully to her husband before they crossed the road to speak with reporters, described her feelings as "very emotional," and added, "Any parent will know what that's like." (片腕に幼子を抱き、手を振っていたケイトは、慎重に夫に幼子を渡したのち、道路を渡って報道陣と言葉を交わした。自らの感情について「とても感動しています」と説明したのち、「どんな感じか親になったことがある人ならわかると思います」と付け加えた。)

(d) William, responding to a question, said, "He's got her looks, thankfully." Kate quickly demurred, "No, no, I'm not sure about that." (ウィリアムは、質問に答えて、「ありがたいことに、この子は妻に似ています」と話した。ケイトはすぐに「いえ、いえ、まだわかりません」と異議を唱えた。)

(e) When a reporter asked if the couple had experienced their first baby diaper change, Kate replied cheerfully, nodding at William, "He's done that already." (ご夫妻の最初の赤ちゃんのおむつ替えをなさったかどうか記者が尋ねると、ウィリアムのほうにうなずきながら、ケイトがすぐに明るく応えた「夫がすでにしました。」)

(f) At another point, speaking of the infant's hair, the prematurely balding William laughed and replied, "He's got more hair than me."（別のとき、幼子の髪が話題になった際、若くして毛が薄くなっているウィリアムは笑って応えた「この子は私よりも毛があります。」）

(g) "I'll remind him of his tardiness when he's older because I know how long you've been standing out here," he said. "Hopefully, the hospital and you guys can all go back to normal now, and we can go and look after him."（「この子が大きくなったら、予定よりも遅刻したことを思い出させようと思います。皆さんをここで随分長いあいだ待たせたのですものね」と彼は言った。「願わくば、病院も皆さんも普段の状態に戻れますように、そして私たちはこの子の世話をしたいと思います。」）

　すべての直接伝達が王子・王子妃の発言であることが大きな特徴である。
　具体的な発話の状況をみてみると、(a)、(b)、(c) では、王子・王子妃・幼子の3人が揃っていること（"Prince William and his wife ... taking turns cradling their infant son,""he held the infant in his arms, with Kate ... standing beside him,""Kate ... passed the child carefully to her husband"）と、多数の報道陣に囲まれていること（"reporters massed,""a packed gallery of reporters and photographers,""reporters"）が強調されている。
　(d) は興味深い例である。William が報道陣の質問に答えたのに対して、Kate が反論しているからである。報道陣の質問に対する答えだけではなく、私たちは王子夫妻同士の会話を聞くことになる。(e) でも同様の傾向がみられる。リポーターの問いに答える際、Kate は、"nodding at William" と William のほうを見ながら答えている。
　(f)（また (d)）においてはユーモアに満ちた自己戯画がみられる。(g) の発言は、数行前の "William also deftly apologized for the long wait" という表現にフレーム化されて、腰の低い王子の人柄を表現している（(e) のおむつ交換をする王子も同様の効果があるだろう）。

3-1-2 "Japan Royal Birth" にみられる直接伝達は以下である（直接引用には下線を付した）。

(1) They shouted "Banzai!" or cheers, outside the Imperial Palace, and as the news spread, people all over Japan joined in the celebration.（皇居の外で、彼らは「ばんざい」と叫んだ。そしてニュースが伝わるにつれて、日本中の人びとが祝福に加わった。）

(2) "It is good that the birth went well," a court official quoted Emperor Akihito, the baby's grandfather, as saying upon hearing the news.（この知らせを聞いた際、幼子の祖父である明仁天皇は、「お産が無事に終わってよかった」と仰られたと宮内庁は発表した。）

(3) Kicking off a round of celebratory statements that ranged from political and business leaders to the spontaneous expressions of people on the street, Prime Minister Junichiro Koizumi told reporters: "This is really good news, and I hope it brings a cheerful atmosphere to the country. I'm relieved that the mother and baby are both fine."（政界やビジネス界のリーダーたちから、通りの人びととの自然に表された表現までの一連のお祝いの言葉の口火を切って、小泉純一郎首相は記者に、「本当に良いニュースだ。日本に明るい雰囲気をもたらしてくれたらと思う。母子ともに健康でおられるということで安心した」と述べた。）

(4) "Don't you think it is strange that only men can occupy the throne?" said Kiyomi Tsujimoto, an opposition member of Parliament from Osaka. "I certainly think so. It highlights the discrepancy between the sexes in Japanese society. I was in Kyoto station today and heard the voices of many women saying they were so sorry that a girl had been born. This shows the low recognition that we give to women in Japan."

(「男性しか皇位につけないのはおかしいと思いませんか？」と大阪選出の野党の国会議員である辻元清美は言った。「私はおかしいと思います。このことは日本社会における男性と女性のあいだの違いを象徴しています。私は今日京都駅で多くの女性が、生まれたのが女の子で本当に残念だと言うのを聞きました。これは日本の女性に私たちが与えている承認の低さを示しています。」)

(5) "I fully recognize the degree to which people are interested in this, and the importance of the matter," he [Naruhito] said.(「私は国民がこのことにどれほど関心を寄せているか、そしてこのことがどれほど重要であるかということをよくわかっています」と彼［徳仁］は言った。)

(6) "Why not change the law," said Noboru Hayashida, a 75-year-old man who spoke in Niigata Prefecture. "There's nothing wrong with having an empress. I wonder who decided the imperial family should follow a paternal line anyway." (「法律を変えればいいではないですか」と新潟県の75歳の男性、ハヤシダノボルは言った。「女性が天皇になってもまったくかまわない。皇位は父系で継承しなければならないと誰が決めたのでしょうか。」)

(7) More pointedly political, Junko Kamikita, an excited 37-year-old homemaker who spoke on the streets of the Mejiro quarter in Tokyo this afternoon said: "It would be good to have a woman as the symbol of our state, just like Queen Elizabeth or Prime Minister Thatcher. If we have a female symbol of state, the Japanese people's notions would change." (興奮した38歳の主婦カミキタジュンコは、この日の午後東京の目白の通りで、より明白に政治的な観点から、「日本にも、エリザベス女王やサッチャー首相のような、国の象徴となる女性がいると素晴らしいと思います。もし女性が国家の象徴になれば、日本人の認識も変わるでしょ

皇族の直接伝達は 2 例((2)(5))だけであり、それ以外の 5 例が一般市民((1)(6)(7))と政治家((3)(4))であるのが "Royal Couple" との大きな違いである。

　天皇の発言((2))は、"Emperor Akihito said" ではなく "a court official quoted Emperor Akihito" として伝達されており、発言の直接性は、引用符が用いられているとはいえ、大きく減じられている。また、皇太子の発言((5))は、第 1 子誕生に際しての言葉ではなく、2 年半前の 39 歳の誕生日の記者会見での受け答えである。さらに、母親である雅子妃の言葉は一切伝えられていない。総じて、皇族の肉声はほとんど伝えられていない。

　(3)(4)(6)(7)については、発言者の名前、地位((3)(4))、発言の場所((6)(7))が明示されている。また、与党政治家(首相)と野党政治家、新潟県の 75 歳の男性と東京都の 37 歳の主婦というように、発言者の多様性も配慮されている。いっぽう、(4)(6)(7)に関しては、その発言内容は一様であって、女性天皇を認めない現状への批判と言えよう。(3)の発言者である小泉首相に関しても、"Prime Minister Koizumi ... has lent his voice to the debate, saying that he would support a change in the imperial succession laws." と間接伝達の形で同じ趣旨の発言を引用している。発言者の多様性に対して発言内容の一様性が際立っている。得ようと思えば得られたに違いない女性天皇に反対する発言は存在しない。

3-2　間接伝達

3-2-1　"Royal Couple" にみられる間接伝達は以下である（間接引用には下線を付した）。

(h) Some British commentators have described <u>her as the phantom of the occasion</u>.（イギリスの評論家のなかには、彼女を「ファントム・オブ・ディ・オケイジョン（その場に憑りついた存在）」と呼ぶ者もいる。）

(i) Although royal officials have insisted that the choice will rest entirely with William and Kate, the newborn's status as an heir to the throne adds a special dimension to the task, and the widespread expectation is that they will settle on a name with a resonance in royal tradition.（王室関係者は、選択は完全にウィリアムとケイトにゆだねられていることを強調しているが、王位の継承者としての幼子の立場が、この作業に特別な側面を与えている。二人は、王室の伝統の影響のもとで名前を決めるだろうと広く考えられている。）

(j) When a reporter asked if the couple had experienced their first baby diaper change, Kate replied cheerfully, nodding at William, "He's done that already."（訳は既出。）

(k) The encampment was repeated on Monday night, after the royal birth was announced, and it was nearing dusk on Tuesday when royal aides finally announced that the royal couple would appear imminently with the baby.（王子の誕生が発表された後の月曜の夜も野営は繰り返され、火曜日の夕方近くになってようやく王室補佐官が、幼子とともに王子夫妻がまもなくお出ましになると発表した。）

(l) Jocularly, William blamed the long wait on the baby having arrived past his due date, which palace officials had said months ago was in mid-July.（ウィリアムはおどけて、予定日を過ぎても長いあいだ待たせた幼子を非難してみせた。王室関係者が数か月前に述べたところでは予定日は7月中旬だった。）

　直接伝達とは逆に、間接伝達はすべて王子・王子妃以外の発言である。
　(h) はイギリスの評論家のダイアナに対する否定的な評価を伝えているが、これに続く "But Kate wore Diana's blue sapphire engagement ring" と

（接続詞 "But" が示すように）対照関係をなしている。(j) の間接伝達は Kate の直接伝達を引き出す役割を果たしている。(k) と (l) の "royal aides ... announced" と "palace officials had said" の役人風の伝達は、その直前の（(k) では前文の）、"William also deftly apologized" と "Jocularly, William blamed the long wait on the baby" という William の対話者との交流を意識した言葉の発し方と対照をなしている。

　総体として、間接伝達は王子・王子妃の発言や行動を引き立てる役割を果たしている。

3-2-2　"Japan Royal Birth" にみられる間接伝達は以下である（間接引用には下線を付した）。

(8) The official said that Empress Michiko shed tears of joy when told of the birth of her eldest son's first child.（宮内庁関係者は、美智子妃殿下が長男の最初の子どもの誕生を告げられたとき、喜びの涙を流されたと述べた。）

(9) I was in Kyoto station today and heard the voices of many women saying they were so sorry that a girl had been born.（訳は既出。）

(10) Where he once joked with easy charm about storks needing quiet in order to deliver children, at a news conference on his 39th birthday he replied crankily to a question about when he would finally produce an heir.（かつては寛いだ魅力的な様子で、コウノトリが子どもを運んでくるには静かであることが必要ですと述べられたのに、39回目の誕生日の記者会見では、お子様に関する質問に不機嫌そうに答えられた。）

(11) The festivities turned to consternation, however, when it was announced less than a month later that she had suffered a miscarriage.

(しかしながら、1か月もたたないうちに、流産されたと発表されると、お祭り気分は失望へと変わった。)

(12) Prime Minister Koizumi, true to his populist instincts, has already lent his voice to the debate, saying that he would support a change in the imperial succession laws.(小泉首相は、ポピュリストの本能に忠実にこの論争に加わり、皇室典範の改正を支持すると述べた。)

(13) A girl, they said, could become an important symbol for Japanese women, helping promote their arguments for greater equality for women.(女の子なら、日本人女性の重要な象徴になって、女性のより大きな平等の権利を求める主張を後押しする助けになってくれるだろうと彼女たちは述べた。)

(14) Eight years later, many Japanese say that Princess Masako has played a far smaller role than they anticipated.(8年後、多くの日本人は、雅子妃は彼らの期待に比べてはるかに小さな役割しか果たしていないと言っている。)

　(8)は(2)に続く文であり、天皇の言葉の直接伝達に続いて、皇后の(言葉ではなく)行動が伝達されている。皇后の言葉の引用の無さは、雅子妃の言葉の引用の無さと対応しているとも考えられよう。
　(10)は、皇太子のジョークを伝えているが、Williamの"He's got more hair than me"に比べて、なんとも古風なジョークが間接話法で伝えられおり、ジョークが本来果たすべき役割の一つである親密さの醸成は果たされていない。
　(9)(12)(13)(14)で伝達されている内容は、基本的に女性天皇を認めない現状を憂える発言であると考えられる。そして、(9)(13)(14)においては、"many women"、"they [many Japanese women]"、"many Japanese"と発言

者の数の多さが強調されている。((12) においても、民主主義国の首相が国民の代表であると考えられるならば、小泉首相の発言の背景にも多くの国民を想定することができよう。)女性天皇に反対する意見は、"the policy chief of the conservative governing Liberal Democratic Party ruled out an early amendment to the law" や "If traditionalists have been pulling for a male child" と、"conservative" な "traditionalists" の特殊な意見として国民一般の意見とは対立するものとされている。

(11) は流産を受動態で伝えている。不幸な出来事の伝達であることが伝達主体の省略に関係があるのかもしれない。

総体として、「多くの」日本人 (とくに女性が) が、女性天皇を認めない現状を憂えていることが強調されている。そのことは、女性皇族の言葉の伝達がないことと結びつけて考えることができるだろう。

4　インフォーマル化

4-1　"Royal Couple" は、王子・王子妃のインフォーマルさに注目している。以下がその例である。

(m) Striking an informal note that suggested something about the changes they may wish eventually to bring to royal life, the duchess was hatless and wearing a short-sleeved blue polka-dot summer dress, with William in black jeans and an open-necked blue shirt with the sleeves rolled up. (王室の生活にやがてはもたらしたいと二人が望んでいるだろう変化を示すように、王子妃は無帽で、短い袖の青い水玉模様の夏服を着、ウィリアムは黒いジーンズに、袖をまくり上げた開襟の青いシャツを着て、インフォーマルな印象を醸しだしていた。)

(n) The ease of manner displayed by William and Kate during their brief appearance outside the hospital – both smiling, Kate perhaps even more broadly than William, and both answering reporters' questions in the confident and amiable manner of a couple accustomed to the demands of celebrity – made for a striking contrast with the common practice among royals on similar occasions in recent decades.（病院の外に短いあいだ姿を現わしたときのウィリアムとケイトの寛いだ姿――二人とも微笑んで、おそらくケイトのほうがウィリアムよりも大きく笑っていたけれど、そして二人とも、有名人に求められる態度に慣れた自信に満ちた愛想のよい姿勢で記者の質問に答えていた――は、ここ何十年間かのあいだの、同じような状況での王族たちに共通の態度とははっきりとした対照をなしていた。）

(o) But on Tuesday evening, the informality was pervasive.（しかし火曜日の夕方には、インフォーマルな雰囲気に満ちていた。）

　この記事全体の王子と王子妃の振る舞いが二人のインフォーマルさを具体的に表現していると言える。たとえば、(o)に続く文では、王子がおむつ交換をしたことや、王子の頭髪にかけたジョークが、王子妃と王子の口から語られるのである。

4-2　"Japan Royal Birth"においては、皇室のインフォーマルさの要素はほぼ皆無である。（それは "the ultrasecretive Imperial Household Agency" という表現に象徴されている。）唯一の例外が皇太子のジョークである。

　社会のインフォーマル化への対応は、王室（王子・王子妃）と皇室（皇太子・皇太子妃）でまったく対照的である。王子と王子妃は、(m)や(n)に見られるように、インフォーマル化を大胆に進めようとしている。皇室（あるいは宮内庁）にはまったくインフォーマル化を進める意志は伺えない。
　そして、報道記事も両者の姿勢を十分に理解・意識して報道している。王

子・王子妃の態度を、新しい時代を感じさせる好ましいものとして提示するいっぽう、皇室の打ち解けなさを明示的 (たとえば、"ultrasecretive Imperial Household Agency" という表現) に、また (皇族の直接伝達の少なさなどから) 暗示的に伝えている。

5　ナラティブ

まず両記事の全体の構造を確認しよう。
"Royal Couple" は、大きく四つのパートに分かれる。

①第1～8パラグラフ：生まれたばかりの男子を伴ったウィリアム王子夫妻の姿
②第9～11パラグラフ：ダイアナ妃 (の離婚と事故死) への言及
③第12～15パラグラフ：さまざまな名前の可能性について
④第16～21パラグラフ：王子・王子妃のインフォーマルさ

いっぽう "Japan Royal Birth" は、大きく六つのパートに分かれる。

①第1～4パラグラフ：雅子妃に女子が生まれたことと天皇皇后、首相らの反応
②第5～8パラグラフ：女性が天皇になれないこと
③第9～10パラグラフ：雅子妃の年齢が38歳であること
④第11～15パラグラフ：皇室に皇位継承可能な男子が長いあいだ生まれていないこと
⑤第16パラグラフ：雅子妃の流産
⑥第17～25パラグラフ：女性天皇を肯定するさまざまな声

両記事の構造の類似点は、royal baby 誕生を報じる最初の部分 (両記事の①) から、悲劇的な出来事 (ダイアナ妃の離婚と事故死と雅子妃の流産) への

言及を経て、最後は王室／皇室の変化の可能性（王室のインフォーマル化と女性天皇）を示すという流れになっていることである。すなわち、明（baby 誕生）を暗（悲劇的出来事）で際立たせたうえで、将来の展望を示すというストーリー構造はまったく同一である。

　他方、ストーリー構造は同じでもその内容、とりわけ将来の展望の内容はまったく異なっていると言わなければならない。それに即して"Japan Royal Birth"の②と④の部分では、現在の法律では女性が皇位につけないことと40年近く皇位継承可能な男子が生まれていないことが述べられ、最後の女性天皇肯定の声を補強している。（③と⑤は悲劇的出来事への言及である。③で雅子妃の年齢が38歳であると明示されている意図は、雅子妃の人間的な成熟の可能性を示すことではなく、ただただ出産の可能性の低さを示すことであって、悲観的様相を強めることに役立っている。）

　名づけは両記事で触れられている話題だが、"Royal Couple"では具体的な候補名を挙げながら特に長く扱われている（③の部分）。賭屋の賭け率に言及しながらの名前選びには、お祭り気分があふれており、この記事全体の明るい雰囲気を強めている。

　さて、全体の構造の比較の次に、両記事の①の部分を取りあげて、パラグラフにそって対比しながら論じてみよう。①は、どちらの記事においても、royal baby 誕生の基本情報を伝える部分であると考えられるが、どのような差異と類似が見出せるだろうか。

　まず、両記事のヘッドラインが、それぞれの記事の焦点化（フェアクラフ 2012: 135）の方向性を示している。"Royal Couple Make First Appearance With Infant Son"では、王子夫婦に息子が生まれたこと自体に焦点があたっているが、"Japan Royal Birth Stirs Talk of Return to Empress"では、皇位継承の問題が注目されている。

　"Royal Couple"では、第1パラグラフで王子と王子妃が生まれたばかりの幼子を抱いて現れ（"emerge"）、第2パラグラフでその幼子の王位継承順位が3番目であることが述べられる。いっぽう"Japan Royal Birth"では、第1パラグラフで雅子妃に女児が生まれたが男子にしか皇位継承権がない

ことが述べられ、第2パラグラフで出産の詳細（場所と日時）が伝えられる。すなわち、"Royal Couple" ではまず royal baby 誕生に焦点があたり、"Japan Royal Birth" ではまず皇位継承の話題に焦点があたっており、ヘッドラインを継承していると言える。

いっぽう、両記事ともに個人（王室・皇室）と大衆の対照がみられる（"Royal Couple" では "privacy"、"private" と "public"、"reporters massed"、"reporters"、"the serried lines of the waiting news media" の対照、"Japan Royal Birth" では "scores of ordinary people"、"people all over Japan"）。この対照は両記事において、最後まで継続している。

"Royal Couple" では、第3パラグラフで王子のカジュアルな発言（"He's got a good pair of lungs on him, that's for sure"）が紹介され、第5パラグラフで夫妻のインフォーマルさに注目している。第6パラグラフで自分たちが特別な存在ではないという趣旨の王子妃の発言（"Any parent will know what that's like."）が、第7パラグラフで王子のジョーク（"He's got her looks, thankfully."）が引用され、さらに第8パラグラフでは王子自身が運転することが強調されている。また、名前については、"We're still working on a name" と自分たち自身で考えているとしている（第3パラグラフ、もっとも名づけについてはすでに第1パラグラフで言及されている）。

"Japan Royal Birth" では、第3パラグラフで天皇と皇后の、第4パラグラフで首相の反応が紹介され、公的・制度的な声が表象されている（第2パラグラフの後半で大衆の反応が表象されてはいたが）。さらにこれに続く第5パラグラフでは、名づけが（皇太子夫妻によってではなく）天皇によって伝統に則って行われることが述べられ、制度の優位性が強調されている。

すなわち、"Royal Couple" ではインフォーマルさが、"Japan Royal Birth" では公的・制度的な声が強調されている。また名づけに関して、伝統に則って天皇が決める "Japan Royal Birth" と対比すれば、"We're still working on a name" とする王子夫妻の自立性や自由さが目立つだろう。

いっぽう、両記事ともに名づけに注目している点で共通している。また、ともに伝統からの変化（change）に着目している。"Royal Couple" では王子

夫妻が王室の伝統にインフォーマルさの点で変化をもたらそうとしていることが、"Japan Royal Birth"では男子のみに認められている皇位継承制度の変化（の可能性）が言及されている。

6 結論

「1 はじめに」で述べたとおり、フェアクラフは伝達を開放性をもたらすものとして捉えているが、「3 伝達の仕方」の分析が示すように伝達が必ずしも開放性をもたらすとは言えない。"Royal Couple"において、直接伝達はすべて王子・王子妃のものであり、私たちが直接聞くことができるのは彼らの声だけである。間接伝達は、王子・王子妃の発言や行動を引き立てる役割を果たしている。すなわち、この記事は報道記事というよりもむしろ、王室の広報記事、あるいは、スターのファンクラブの機関紙のようなものとして捉えることができる。読者はただただ、スター＝王子・王子妃の言葉をありがたがり無批判に受け入れると想定されている。また、王子・王子妃の言葉を、周囲によって引き立てられる一種の台詞とみなせば、Marsden（1993）が指摘する、アメリカ人が好む王室のドラマ性をそこに読み取ることもできるだろう。

"Japan Royal Birth"においては、皇族の言葉の引用は少なく、とりわけ女性皇族の声の表象は皆無である。多様な国民の発言を紹介しながらも、発言内容は一様で、女性天皇を認めない現状への批判とその背景にある（と想定されている）日本の女性の地位の低さへの憂慮である。女性天皇に反対する声は表象されない。すなわち、この記事は、ジェンダーの側面からの日本社会批判がその本質であると考えられる。

イギリス王室（あるいは少なくともWilliamとKate）は社会のインフォーマル化の傾向のなかで、自らもインフォーマルさを演出することで国民の支持を得ようとしている。"Royal Couple"は、ナラティブの構造も含めて、その王室の意図を後押しするものである。いっぽう、"Japan Royal Birth"では、インフォーマル化の要素はほぼ皆無であり、報道記事もそのことを陰に

陽に伝えている。

　両記事の類似と差異は、もちろん現実の類似と差異を反映している。しかし、これらの記事には、現実の傾向を修正するのではなく、むしろ強化する傾向がみてとれる。アメリカ人の英国王室に対する好意を前提にした"Royal Couple"は、王室のインフォーマル化の意図を見事に理解し、ファンクラブの機関紙のような記事を提供することで、アメリカ人のWilliamとKateに対する好意をさらに強めただろう。そこには、共和国アメリカからする王室への批判の視点はみられない。女性天皇が認められない日本の制度を批判する声をもっぱら紹介する"Japan Royal Birth"は、日本の女性の地位の低さをアメリカ人読者にいっそう印象づけただろう。そこには、天皇制の歴史に含まれる複雑な経緯を理解しようという意志は見られない。（たとえば、女性天皇が認められないのは皇室典範に基づくが、その皇室典範はGHQが日本を占領していた昭和22年に制定されたものであることをどれだけのアメリカ人が知っているだろうか？）

　両記事を総合的に評価する際、「ガバナンスの装置の一部としてのニュース・メディア」（フェアクラフ 2012: 138）という視点の有効性が理解されるだろう。

参考文献

木村洋二・ハンナロン＝チャーン・板村英典(2006)「日本の4大新聞における皇室報道の比較研究―皇太子さまの「人格否定」発言を事例として―」『関西大学社会学部紀要』37: 55–106.

村松泰子(1991)「九〇年代の天皇制と戦前との連続性・国民との連続性の問題点―ジェンダーの視点からの皇室報道批判―」『新聞学評論』40: 193–211.

プリンス、G. (1997)（遠藤健一訳）『物語論辞典』東京：松柏社.［原著：Prince, G. (1987) *A Dictionary of Narratology*, Lincoln and London: University of Nebraska Press.］

フェアクラフ、N. (2012)（日本メディア英語学会メディア英語談話分析研究分科会訳）『ディスコースを分析する―社会研究のためのテクスト分析―』東京：くろしお出版.［原著：Fairclough, N. (2003) *Analysing Discourse: Textual Analysis for Social Research*, New York: Routledge.］

Benoit, W. L. and Susan L. B. (1999) 'Queen Elizabeth's image repair discourse:

Insensitive royal or compassionate queen?', *Public Relations Review* 25: 145–56.
Marsden, M. T. and Madonna P. M.（1993）'The search for secular divinity: America's fascination with the royal family and 'Postscript.", *The Journal of Popular Culture* 26: 131–40.
Richardson, J. E.（2007）*Analysing Newspaper: An Approach from Critical Discourse Analysis*, London: Palgrave, MacMillan.

分析資料
"Royal Couple Make First Appearance With Infant Son"
http://www.nytimes.com/2013/07/24/world/europe/royal-couple-make-first-appearance-with-infant-son.html?_r=0
"Japan Royal Birth Stirs Talk of Return to Empress"
http://www.nytimes.com/2001/12/02/world/japan-royal-birth-stirs-talk-of-return-to-empress.html

【キーワード】評価、前提とされる価値、モダリティ、包括的 "we"、注意の引用符

1　はじめに

　オーストラリアでは、近年、周辺国からの、とくにインドネシアを経由してやってくる庇護希望者（asylum seekers）の受け入れについて議論が頻繁に行われている。2013 年の総選挙においても、庇護希望者をめぐる議論が大々的に繰り広げられたが、その背景には船で漂着する庇護希望者の急増が指摘される。2007 年から続いた労働党政権下では一貫して難民寛容政策が取られてきたが、こうした庇護希望者の増加を受けて、ついにラッド政権（当時）も、選挙目前に強硬策へと方針転換を余儀なくされた。

　ラッド労働党が発表した新政策は、「PNG ソリューション」（The Regional Resettlement Arrangement between Australia and Papua New Guinea）（2013 年 7 月 19 日発表）と呼ばれる。この政策の下では、船で漂着した庇護希望者は、パプアニューギニアのマヌス島[2]に送られたうえで難民認定審査を受け、難民と認定されればパプアニューギニアに居住することになる。いっぽ

---

1)　本稿は、愛知淑徳大学星が丘キャンパスで開催された一般社団法人日本メディア英語学会（JAMES）第 4 回（通算第 56 回）年次大会（2014 年 10 月 26 日）で、「豪州の難民問題をめぐるディスコース―CDA で日刊紙 2 紙を比較―」と題して口頭発表した原稿に加筆・修正を施したものである。

2)　マヌス島（Manus Island）は、ニューギニア島の北に位置するアドミラルティ諸島の主島。

う、最大野党のアボット自由党（当時）は、ハワード政権時代（1996～2007年）の強硬路線を踏襲し、周辺海域の取り締まりの強化、密航船の強制送還、オーストラリア国外での難民認定審査の実施と認定者の国外定住を柱とする「オペレーション・ソブリン・ボーダーズ」(Operation Sovereign Borders)という案を発表した（2013年7月25日発表）。かくして、世論の風を受けて、与野党ともに強硬路線（ハードライン）で一致することとなり、庇護希望者がオーストラリアに永住できる可能性は、選挙結果にかかわらず事実上ゼロとなった。

　本稿では、2013年のオーストラリア総選挙期間中の7月25日に掲載された*The Age*[3]の社説で、庇護希望者の受け入れをテーマにした"A matter that should weigh on our conscience"（我々が良心を痛めるべき問題）を分析する。世論が強硬策支持に大きく傾くなか、庇護希望者の受け入れを訴える当該社説が、いかなる手法を用いて、オーストラリア国民の説得を試みていたのか、そして、説得のための基盤となる価値観は何であったかを、フェアクラフの Critical Discourse Analysis「批判的ディスコース分析」を理論的枠組みに用いて、明らかにしていきたい。

　なお、本稿では、国連難民高等弁務官事務所（UNHCR）の日本語版ホームページの表記を参考に、'refugees'には「難民」、'asylum seekers'には「庇護希望者」という訳語を当てることにする。

2　理論枠組み

　本稿では、フェアクラフ（2012）、フェアクロー[4]（2008）に加え、フェアクラフの理論のもととなっている、ハリデー（2001）の選択体系機能文法の理論も一部援用し、テクストを段落ごとに分析する。

　フェアクラフ（2012: 9）は、テクストは、社会的出来事の要素の一つで、因果作用（causal effects）を有しており、世界にさまざまな影響を与え、変化

---

3) *The Age* は Fairfax Media が発行する豪ビクトリア州の大都市新聞。
4) 本稿では、フェアクラフとしているが、「フェアクロー」と表記する場合もある。

を引き起こすと述べている。その変化とは、物質世界における変化だけでなく、人びと、行動、社会的関係における変化も含んでいる。たとえば、新聞の社説テクストを読むことで、読者が新たな知識や視点を得ることもそうであるし、長期にわたって特定の新聞社の社説テクストにさらされる経験を通して、信念、態度、価値観に変化をもたらし、「読者」としてのアイデンティティを形成していくうえで、変化が生じてくる可能性もある。テクストの書き手は、いわば、社会的作用者として、テクストを織り、テクストの要素間の関係を設定して、意味論的関係を設定することができる。これについて、van Dijk (1996: 98) が好例を示している。英国大衆紙 The Sun の移民・難民に関する記事を分析した結果、「移民」はイギリスの白人社会を脅かす存在として＜表象＞され、an 'army' of 'illegals' 「不法入国者」の「大群、大軍」によってイギリスは 'invaded' 「侵略される」といったふうに、「移民」についての否定的な意味論的関係が形成されていたと報告している。

　本稿では、The Age の社説の書き手が、読者を説得するために、いかにテクストを織り成しているのか、以下のフェアクラフの主要概念を利用して分析する。

2-1　評価と前提とされる価値

　フェアクラフ (2012) は、発話機能の一つである statement ＜陳述＞を、事実の陳述、予想と仮定的陳述、評価的陳述の三つに区別している。評価的陳述とは、重要性・有用性を含めた「望ましさ」(desirability) と「望ましくないこと」(undesirability)、および「善」と「悪」に関する陳述であり、もっとも明示的な場合においては、'She is nice.' (彼女は良い人だ) における 'nice' や、'His work is inspiring.' (彼の作品は感動的だ) における 'inspiring' のような感情に関わる属性 (attribute) を持つ関係過程 (relational process) [5] として具体化される。これらは、書き手の主観あるいは価値(観)に基づいた明示的

---

[5]　フェアクラフ (2012: 214) は、過程を物質過程、発言過程、心理過程、関係過程 (1)、関係過程 (2)、存在過程に分類している。二種類ある関係過程は、それぞれ、ハリデー (2001) の関係過程の属性的 (attributive) と同定的 (identifying) にあたると考えられる。

な評価だが、書き手と解釈者(読者)が、暗示的な価値体系を共有していることを前提とした暗示的な評価もある。テクストに書かれている内容は、表面的には事実の陳述であっても、暗示的な価値体系を前提に、暗示的な評価を内包している場合もある。本稿では、明示的・暗示的な評価と書き手が前提としている価値体系を、分析により明瞭にしていく。

2-2　モダリティ

　フェアクラフ(2012)のモダリティの概念の特徴は、Hodge and Kress (1988)やハリデー (2001) の概念も取り入れるなど、非常に包括的であるということである。まず、モダリティのタイプとして、真偽性に対する書き手の心的態度を表す認識モダリティと義務と必要性に対する心的態度を表す義務モダリティの二つを挙げ、そのマーカーとして、'may' や 'should' といった法助動詞を挙げているが、そのほかにも、たとえば、'I think it's going to rain.' のような心理過程は 'It's probably going to rain.' のモダリティの隠喩だとするハリデー (2001: 558) の考え方も取り入れている。

　本稿では、フェアクラフよりもさらに明確に分類されたハリデー (2001: 71, 122)の概念も援用し、主に副詞群[6](adverbial groups)や前置詞句(prepositional phrases) の中で、メッセージの関連性について書き手の判断を表現するモーダル付加詞[7](modal adjuncts)と定義される叙法付加詞(mood adjuncts)とコメント付加詞 (comment adjuncts)(表1) を中心に分析し、使用の効果、および書き手の心的態度、姿勢、判断を考察する。

---

6)　ハリデーは、group「群」と phrase「句」を区別している (ハリデー 2001: 327)。

7)　ハリデー理論に関する用語は、ハリデー (2001) の訳語に準拠している。また、モーダル付加詞の中には、フェアクラフが「評価」のマーカーとして分類しているものも含まれている。

表1　主なモーダル付加詞

叙法付加詞 mood adjuncts	蓋然性	probably, possibly, certainly, maybe
	通常性	usually, never, seldom, sometimes
	志向性	willingly, readily, gladly, happily
	明確性	obviously, of course, surely, clearly
	強意性	just, simply, merely, only
コメント付加詞 comment adjuncts	意　見	in my opinion, personally
	承　認	frankly, to be honest
	説　得	honestly, believe me, seriously
	懇　願	please, kindly
	推　定	evidently, apparently, no doubt
	願　望	unfortunately, regrettably, hopefully
	留　保	at first, tentatively, provisionally
	確　証	broadly speaking, in principle
	評　価	(un) wisely, foolishly
	予　想	to my surprise, as expected

(ハリデー (2001: 71,122)、Eggins (1994: 167) を参考に作成))

2-3　包括的 "we"

フェアクロー (2008: 157) は、戦略的な人称代名詞 "we" の使用を、包括的 "we" ('inclusive' we) と呼んでいる。"we" (私たち) を使用することで、読者を書き手と同じグループに取り込み、we- 共同体 ('we-community') を構築し、読者を書き手の視点に立たせ、意見に同調するよう求める戦略的な行為的意味を持つ。こうした "we" の使用も分析していく。

2-4　社会的行為者の表象

テクストを生産する際、書き手には、社会的行為者をどう表象するかにおいて複数の選択肢がある (フェアクラフ 2012: 218)。庇護希望者の表象を例にとっても、より中立的な asylum seekers に加え、広義で捉えた refugees、否定的な意味合いを持つ boat people (ボート・ピープル)、illegal immigrants

（不法移民）、queue jumpers[8]（列に割り込む人たち）などの多数の表現がある。このように、書き手が選択した社会的行為者の表象には、書き手の社会的行為者に対する心的態度や、その社会的行為者に対してなんらかのイメージを作りあげようとする書き手の意図が隠れている場合があるので、分析では、こうした表象にも注意していく。

2-5 注意の引用符

Richardson（2007: 102）によれば、注意の引用符（scare-quotes）とは、引用符のなかの語彙・表現が異論の多いものであることを示すものであり、ニュース報道においては戦略的に用いられるという。フェアクロー（2008: 107）も、注意の引用符は、書き手がその語彙・表現から距離を置きたいときに用いられ、その語彙・表現がなんらかの意味上の問題をはらんでいることを読者に警告する効果があるとしている。形態上は普通の引用符と区別がつかないため、文脈から注意の引用符であることを読み取らなければならないが、注意の引用符は基本的には単語・表現レベルのものが多い。本稿では、当該テクストにおける注意の引用符の使用のされ方も考察する。

3 先行研究

本稿と同じく、オーストラリアにおける庇護希望者問題を扱ったのがLeach（2003）で、2001年の総選挙期間中の庇護希望者に関わる政府のプロパガンダ（政治宣伝）を研究した。2001年には「タンパ号事件」と「幼児投げ捨て事件[9]」の2件の庇護希望者に関わる事件が起きている。タンパ号事件

---

8) 法を犯して船で保護国であるオーストラリアに入国した人たちのほうが、UNHCRを通して難民申請手続きをした人たちよりも早く難民認定されるケースがあるとされていることから。

9) 豪メディアでは 'the children overboard affair' と呼ばれる。タンパ号事件から約2か月後の2001年10月7日、クリスマス島の沖合で新たに庇護希望者を乗せた船が発見され、海軍のHMAS Adelaideが対応にあたった。庇護希望者がわが子を海へ放り出す様子を撮影したとされる写真がテレビで放映され物議を醸したが、後日、メディアの調査で事実でないことが判明した。http://www.abc.net.au/4corners/stories/s496427.htm（最終アクセス2015年4月30日）

とは、ノルウェー船籍の貨物船 MV *Tampa* 号が、沈没寸前の庇護希望者を乗せた船を救助し、オーストラリア領クリスマス島に入港を求めたところ、豪政府がそれを拒否した事件のことである。庇護希望者は最終的に第三国へ移送されたうえで、難民認定審査が行われた。この措置を「パシフィック・ソリューション」という。Leach (2003) は、タンパ号事件以降、数週間にわたり 'floods' of refugees「難民の洪水」や 'waves' of refugees「難民の大波」という表現が繰り返し使用され、庇護希望者は、＜国民国家の統一性に対する脅威＞ (a threat to the integrity of the nation-state) として表象されていたと分析している。

また、オーストラリアへの入国許可を得んがために、庇護希望者がわが子を船から海に放り投げたとされる「幼児投げ捨て事件」について、ハワード首相(当時)は、家族や子どもに対する姿勢、考え方にオーストラリア人とは異なるところがあり ("foreign" or "other" to contemporary Australian standards)、非道徳的 ("immoral") で、保護に値しない ("undeserving") と庇護希望者に烙印を押すいっぽうで、同年9月に起きた米中枢同時テロ以降の国民のアラブ人やイスラム教徒に対する恐怖心を逆手にとり、「オーストラリアは、主権国家、国境、そして国家アイデンティティの危機に瀕しており、それには新たな解決策を要する」というレトリックを生み出し、'border protection'「国境(沿岸)警備」を選挙戦の争点に掲げた。国民の庇護希望者への恐怖心や敵意は増幅され、パシフィック・ソリューションは大多数に支持され、自由党は選挙戦で勝利を収めることになったと Leach は結論づけている。本稿は、10年以上の歳月を経て、あらためてオーストラリア社会における庇護希望者に関するディスコースを考察するという意味で、歴史的にも意義深いと考える。

4　分析と考察

以下、段落ごとにディスコース分析をし、分析結果について考察を加えて

いく。なお、紙幅の都合上、第2段落は割愛する[10]。(　)で示した番号は、各センテンスに付したテクストの対象部分すべてにわたる通し番号である。

4-1　第1段落

＜テクスト＞

(1) It is simply shameful that Australia, one of the most prosperous nations in the world, plans to use Papua New Guinea, one of the poorest and most dysfunctional, as a dumping ground for people who come here seeking asylum. (2) Every one of us should be embarrassed and deeply concerned that our government has adopted this policy. (3) Embarrassed, because it seeks to dispense with our vital, contracted responsibilities under the 1951 UN refugee convention by paying, in kind, another country to deal with the thousands of people who seek our assistance. (4) And deeply concerned, because we are dealing here with people's lives.（下線は筆者、以下同様）

＜日本語訳＞

(1) 世界でも有数の富裕国であるオーストラリアが、世界でもっとも貧しく、機能不全に陥っている国の一つのパプアニューギニアを、保護を求めてやってきた人たちの廃棄場にしようと計画しているのは、まったくもって恥ずべきことである。(2) 政府がこのような政策を採用したことについて、私たち一人一人が、恥じるべきであり、深く憂慮すべきである。(3) 恥じるべきというのは、オーストラリアからの援助と引き換えに、他国に私たちに助けを求めている何千もの人びとの対応にあたらせ、1951年の国連難民の地位に関する条約で定められた重要な責任から逃れようとしているからである。(4) そして、深く憂慮すべきなのは、事が人命に関わる問題だからである。

---

[10]　全テクストは下記URLを参照。http://www.theage.com.au/comment/the-age-editorial/a-matter-that-should-weigh-on-our-conscience-20130724-2qjjs.html（最終アクセス 2016年8月19日）

<分析と考察>

　まず、テクストの導入部ともいえる第1段落は、(1) 'It is simply shameful'（まったくもって恥ずべきことである）という政府の政策に対する書き手の否定的評価から始まっている。'simply'（まったくもって）という強意性を表す叙法付加詞の使用からも、冒頭から書き手が非常に感情的トーンになっていると分析できる。

　つづく(2)の 'Every one of us should be embarrassed and deeply concerned that...' は、包括的 "we" のバリエーションである 'every one of us' を主語に据えている。(3) 'our' と (4) 'we' も同様で、書き手は、we-共同体を構築することで、読者を書き手と同じグループに取り込み、義務のモダリティ 'should'、強意性を表す叙法付加詞 'deeply' を用いて、読者の心理に 'should be embarrassed'（恥じるべき）、'(should be) deeply concerned'（深く憂慮すべき）と訴えかけている。

　この段落に見られる価値の前提を考察してみると、(3) の 'our vital contracted responsibilities' という表現が、'The contracted responsibilities are vital for us.' を含意していることがわかる。「条約で定められた我々の担う重要な責任」には、「条約で定められた責任は我々にとって重要である」という望ましさ(desirability)に関する評価が当然含まれているからである。1951年の難民の地位に関する条約という法的根拠を引き合いに出し、与えられた責任は非常に重要であるとしており、＜遵法精神＞という共通の価値観が前提とされているのが読み取れる。同じく (4) の 'we are dealing here with people's lives.'（事が人命に関わる問題）では、＜人命・人権の尊重＞という価値観が前提になっている。

　最後に、この段落における庇護希望者の表象を見てみる。庇護希望者は、(1) 'people who come here seeking asylum'（ここに保護を求めてやってきた人たち）、(3) 'the thousands of people who seek our assistance'（私たちに助けを求めている何千人もの人びと）といったふうに＜弱者＞、＜人格を持つ人間＞として表象されていることがわかる。

4-2 第3段落

<テクスト>
(5) This is not a game of daring. (6) This is not, as Foreign Minister Bob Carr tried to construe it recently, a kind of cunning adventure by "middle-class" people from the other side of the world who want to soak up the good life. (7) The people who come to our shores are desperate. (8) Even with the hardline PNG "solution" in place, still they are prepared to take enormous risks on the high seas.

<日本語訳>
(5) これは、根性試しのゲームなどではない。(6) これは、ボブ・カー外相の最近の解釈にあるような、良い生活を満喫したいと地球の反対側からやって来る「中流階級」の人びとによる狡猾な冒険などではない。(7) わが国にやって来る人びとは、死にもの狂いなのだ。(8) たとえ強硬路線の PNG "ソリューション" が実施されたとしても、彼らは大きな危険を承知で、大海に出ようと覚悟を決めているのだ。

<分析と考察>
　この段落全体の構成を見ると、(5)と(6)の否定文の後に(7)と(8)の肯定文が続く2文ずつの並列構造になっている。いずれもモダリティ化されていない言明で、真偽性に対する強い心的態度が表されている。Not で否定されている内容は、間テクスト的に組み込まれた強硬路線支持派のディスコースである。(5) の 'a game of daring' が具体的に誰の発言なのか、その帰属は曖昧にされているが、強硬路線支持派によってどこかでなされた発言が組み込まれていると類推できる。(6) の "middle-class" は、労働党のボブ・カー[11]の発言の引用であり、ここにも間テクスト性が確認できる。ボブ・

---

11) Bob Carr の発言のスクリプトは、下記を参照。http://greensmps.org.au/content/questions/christine-milne-asks-bob-carr-about-redefining-refugees (最終アクセス 2013 年 5 月 10 日)

カーは、オーストラリアの ABC 放送の番組内で "The fact is, these people are middle-class Iranians." と、船で来る庇護希望者はインドネシアの密入国請負業者 (people smugglers) に高額の仲介料を払う経済的余裕のある経済難民で、つまり「中流階級」だという主旨の発言をしていた。この発言を受けて、書き手は、注意の引用符を用いて、庇護希望者が "middle-class"（中流階級）であるなどとんでもない誤解だと真っ向から否定している。そして (7) と (8) で自身の意見を定言的な言明 (categorical assertion) を用いて述べ、書き手と強硬路線支持派の主張の違いを強調している。PNG "solution" にも、"solution" の部分に注意の引用符が付されているが、これは、真の解決策とは書き手が認めておらず、この表現から距離を置こうとしているためである。このように書き手は、注意の引用符で強硬路線支持派の「声」を取り入れることで、自らの意見との差異を効果的に強調しているのである。また、強硬路線支持派を敵役とした「主役－敵役 (protagonist-antagonist)」の構図（フェアクラフ 2012: 134）を展開し、強硬路線支持派が「敵役」であることを明示し、敵役の主張に反論しているのである。

4-3　第 4、第 5 段落

＜テキスト＞

(9) The welfare of people who come to our shores seeking refuge is, like it or not, Australia's responsibility, and it will remain so irrespective of the artful devices the Rudd government – or, indeed, a possible future Coalition government – might dream up.

(10) We have a duty to asylum seekers to do all we can to make sure they are safe. (11) Arguably, that duty begins when our navy and coast-guard surveillance see their vessels on the horizon, but it certainly remains our moral responsibility even after Australian Immigration Department officials hand boat-bound asylum seekers over to authorities in PNG. (12) They must remain our concern for years to come, even when they are "processed" and

"settled" in PNG, by PNG officials and under PNG law. (13) That is because, even if Australia's political leaders are exhibiting every sign to the contrary, this nation's signing of the UN refugee convention in 1951 committed its future generations to being people of conscience.

<日本語訳>
(9) わが国に保護を求めてやって来た人たちの福祉は、好むと好まざるとにかかわらずオーストラリアの責任であり、このことは、ラッド政権が、あるいは（選挙結果によっては）可能性としてある連立政権が、巧妙な手段を講じようとも、変わらないのだ。

(10) 私たちには、庇護希望者の安全を確保するために全力を尽くす義務がある。(11) ほぼ間違いなく、その義務は、オーストラリア海軍と沿岸巡視船が水平線に船を確認した時点で発生し、オーストラリアの移民省の役人たちが船の中で身動きの取れない庇護希望者をパプアニューギニア当局に手渡した後も、確実にオーストラリアの道義的責任は続く。(12) 彼らは、今後も何年となく、私たちの関心事であり続けなければならない。たとえ、彼らがパプアニューギニア当局により、同国の法律の下で"審査"を受け、"定住"したとしても。(13) なぜなら、たとえオーストラリアの政治指導者たちが、可能な限りの反対の姿勢を示しているとしても、この国が1951年の国連難民の地位に関する条約に署名していることは、将来世代にわたって、良心を持った国民であり続けることを約束したということにほかならないからだ。

<分析と考察>
　この二つの段落は、庇護希望者保護の絶対的責任を訴えるディスコースである。まず(9)では、庇護希望者の福祉は、オーストラリア人の責任（re-

sponsibility）であると断言し、副詞節 'like it or not'[12]（好むと好まざるとにかかわらず）の使用によって、他の選択肢、つまり、強硬路線支持派の「声」を否定している。この点において、テクストの対話性はかなり低く、自らの主張の正当性だけが強調されているといえる。

　（11）の 'arguably'（ほぼ間違いなく）というコメント付加詞と 'certainly'（確実に）の叙法付加詞は、それぞれ書き手の「確証」および「明確性」に対する強い心的態度を表しており、（12）の法助動詞 'must' は、1951年の条約に関する義務と責任を強調する書き手の意志を伝えている。（13）では、その条約の効力の永続性に伴う、同国の責任の永続性も加えて強調している。

　これらの段落でも注意の引用符の使用が見られる。（12）の "processed" と "settled" は、強硬路線支持派の「声」[13]である。難民認定審査の末、パプアニューギニアに定住させるという政府の方針に対して、パプアニューギニアでは、満足な"審査"もできないだろうし、"定住"するにも、環境が整っておらず、安住できようはずもないと強硬路線支持派のディスコースを否定しているのである。

　表象に目を向けてみると、庇護希望者は、第1段落と同じく、（9）'people who come to our shores seeking refuge'（わが国に保護を求めてやって来た人たち）と＜人格を持った人間＞として表象されている。そのいっぽうで、与野党が思いつく政策は 'artful devices'（巧妙な手段）と否定的な評価がなされている。'artful' という単語は、このディスコースにおいては、本当のことを言わずに、欲しいものを手に入れることにたけているという否定的な意味合いで用いられており、庇護希望者という＜弱者＞を追い詰める与野党の政策は＜狡猾＞であると表象されているのである。

12）　'whether you like it or not' の省略

13）　たとえば、ラッド首相は 2013 年 7 月 19 日の記者会見で "From this point forward, asylum seekers who arrive in Australia by boat will be sent to Papua New Guinea for processing and resettlement." と発言している（下線は筆者）。

4-4　第6段落

<テクスト>

(14) Yet we are treating asylum seekers like cargo. (15) Policies, such as the mass transfer of all asylum seekers who arrive by boat, serve to strip each one of them of their individuality, of their essential dignity. (16) All are cast in the same light, and their distress is exploited for political gain. (17) These ship-them-away policies are politically expedient: they are promoted as deterrence strategies, yet with an eye to capturing the attention of a clutch of Australian voters who would prefer simply to say: "We do not want them here."

<日本語訳>

(14) しかし、私たちは、庇護希望者を、貨物のように扱っている。(15) 船で漂着したすべての庇護希望者を大量輸送するような政策は、彼ら一人一人の個性と根源的な尊厳を奪うものである。(16) すべては、同じことであって、庇護希望者の困難な状況は、政治利用されているのだ。(17) これらの輸送政策（ship-them-away policies）は、政治的な損得勘定にほかならない。抑止策として押し進められているが、じつのところ、「私たちは、彼ら（＝庇護希望者）を受け入れたくない。」とストレートに言いたがっているであろうオーストラリアの一部の有権者の気持ちを惹きつけるのが目的なのだ。

<分析と考察>

　第6段落では、政府の政策に対する書き手の批判が、辛辣なまでに語彙・表現に顕れている。(14) では、「庇護希望者を、貨物のように扱っている」と直喩（'like cargo'）が用いられ、(15) では、'mass transfer'（大量輸送）という「貨物の輸送」を連想させるような表現も使用されている。これらは、'individuality'（個性）や 'dignity'（尊厳）とは対照的な表現である。ここでは「モノ」と「人、命、尊厳」を二項対照化する戦略が取られているのである。

　また、非常に強調した動詞も使用されている。(15) の 'strip' は、「人から

何かをすっかり取り去り，無力の状態にしてしまうこと」、(16)の 'exploit' は、「人を都合よく利用して不当に使うこと」をそれぞれ意味する。このように＜個人の尊厳＞という価値観を前提とした場合、労働党の施策は人格を否定し、個人の尊厳を奪っており、しかもその目的はただただ政治的利益のためであると痛烈に皮肉っているのである。(17)も、選挙を目前にして、有権者の関心を買うことばかりを優先して、人権・人命を軽視しているという主旨の政権批判である。

オーストラリアの一部有権者のお決まりのセリフとして、'We do not want them here.' という直接引用がある。庇護希望者の受け入れに反対するオーストラリア国民の「声」として紹介し、書き手の意見との差異を強調している。強意性の叙法付加詞の 'simply'（率直に言って、ストレートに）には、こうした発言が、いかに思慮を欠いたものであるかという書き手の批判的な心的態度が示されている。

この段落でも、書き手と強硬路線支持派の差異を二項対照化することで強調し、「敵役」である強硬路線支持派のディスコースを否定、非難している。

4-5　第7段落

＜テクスト＞
(18) Now, too, allegations have emerged of rape and serious assaults occurring in the detention centre at Manus Island, a poorly equipped facility with a poorly conceived mission. (19) Manus Island, it should be remembered, is an *Australian* immigration centre; asylum seekers were transferred there in November, although processing by newly trained PNG officials only began two weeks ago. (20) It is a humid mess of tents and temporary buildings inhabited by people already distraught about their situation, who have sought sanctuary but instead have been all but abandoned to an indefinite limbo. (21) Again, we have a duty of care to the people within this compound. (22) It must not be shrugged off.

（イタリックは原文ママ）

<日本語訳>

(18) ところで、マヌス島の収容施設内で性的暴行やひどい暴行事件が発生している疑いもある。設備が充分でないうえに、任務計画も杜撰そのものである。(19) マヌス島といえば、オーストラリアの移民収容所があるのを忘れてはならない。庇護希望者は、11月に同島に移送されていた。にもかかわらず、新たに訓練を受けたパプアニューギニアの担当役人による審査が始まったのは、ほんの二週間前である。(20) そこには、むしむししたテントと仮設の建物が乱立し、自らの境遇にもはやひどく混乱している人たちが暮らしている。聖域に庇護を求めたにもかかわらず、何時となく天国と地獄の狭間の辺土に遺棄されたも同然である。(21) 今一度言うが、私たちには、この収容所内の人びとに対して保護責任があるのだ。(22) 軽視してはならないのだ。

<分析と考察>

第7段落は、庇護希望者に対して無関心なオーストラリア国民に、庇護希望者の窮状について具体的な想像を喚起すべく、難民収容施設の過酷な状況を詳しく描写し、段落の最後で、難民収容施設からの庇護希望者の救出を訴える構成となっている。

(20) の「聖域 (sanctuary) に庇護を求めたにもかかわらず」、「天国と地獄の狭間の辺土 (limbo) に遺棄された」という表現だが、当然 'sanctuary' はオーストラリアを、'limbo' は難民収容施設を指している。'sanctuary' とは、中世においては、債務者や犯罪人などが逃げ込めば、逮捕ができなかった教会などを意味し、'limbo'[14] は、キリスト降誕以前に死んだ善人の霊魂が住む、天国と地獄の中間の場所だとされる。つまり、ここには「聖域」と「天国と地獄の狭間の辺土」というキリスト教的表象がみられ、書き手は、「キ

---

14) ローマカトリックの教義にある 'purgatory'「煉獄」とは異なる。ほかにも、「忘却の淵」や「拘置所・刑務所」などの意味も持つ。"limbo" *Encyclopaedia Britannica. Encyclopaedia Britannica Online Academic Edition.* Encyclopaedia Britannica Inc., 2015. Web., (参照 2015年4月15日)

リスト教的ヒューマニズム」ともいえる価値観で庇護希望者の問題を捉えていることが読み取れる。

　(22) の 'be shrugged off'（「どうでもいいよ」と肩をすくめる仕草）には、オーストラリア国民のこの問題に対する相対的な関心の薄さが表現されている。問題に対する意識を高めたい書き手は、'must not' という禁止のモダリティを用い、「軽視してはならないのだ」という強いメッセージと共にこの段落を締めくくっている。

4-6　第8段落（最終段落）

〈テクスト〉

(23) Nor does the answer lie in the Coalition's vacuous "turn- back-the-boats" plan; it is a potentially dangerous and impractical proposal. (24) <u>Yes</u>, there are those who come here seeking a better life merely because they see Australia as a rather fine place to live – for that reason they do not qualify as refugees. (25) <u>To be clear</u>, Australia is *not* being <u>overrun</u> with asylum seekers. (26) It is *not* being "<u>swamped</u>", as <u>fear-mongering bigots</u> contend. (27) It is dealing with the same sorts of issues that countries all around the world are facing: people are fleeing persecution in all its hateful forms. (28) <u>Of course</u> Australia <u>must</u> grapple with the gravely serious problem of flimsy boats taking to open seas, which is leading to repeated tragedies. (29) In discouraging an ocean crossing, however, <u>we must not</u> squirm away from important commitments and duties.

　　　　　　　　　　　　　　　　　　　　　　（イタリックは原文ママ）

〈日本語訳〉

(23) かといって、連立野党の中身の伴わない「ボート追い返し」計画も解決策にはならない。というのも、危険を伴うために実行が難しい提案だからだ。(24) なるほど、オーストラリアは住み心地が良さそうだからというだけで、より良い生活を求めてやってくる人たちも、そのなかにはいる。そういう理由なら難民とは認められない。(25) 誤解のないようにはっきり言っ

ておくが、オーストラリアは庇護希望者によって侵略されてなどいない。(26) 大衆の恐怖心を煽るような偏狭な考えを持つ輩どもが主張するように、オーストラリアが庇護希望者で"溢れ返っている"という事実はない。(27) オーストラリアは、世界中の国々が向きあっているのと同じ問題に取り組んでいるのだ。人びとは、あらゆるおぞましい形の迫害から逃れてきているのである。(28) もちろん、オーストラリアは、粗末な船が外洋に出たために、悲劇が繰り返されるという非常に深刻な事態の収拾に努めなければならない。(29) 外洋を渡るのを思いとどまらせつつも、私たちは、重要な責任と義務から逃れようとしてはならないのである。

＜分析と考察＞
　(24) の 'Yes' は、想像上の強硬路線支持派との対話における、この社説の書き手の肯定的応答である。「オーストラリアが住みよい場所という理由で、困窮状態にない者が難民申請をしているのではないか」という強硬路線支持派の主張に対して、真偽性に関するモダリティ (may、might) を使用せず、経済難民の存在をはっきりと肯定し、そういった人たちに限っては難民認定をしないと強硬路線支持派の主張を認めている。こうすることで、書き手は、限られたごく一部の経済難民を議論の中心に据えようとする強硬路線支持派との対話を早々に終結させ、本来の庇護希望者保護に話題を戻している。(25) の文頭では、'to be clear' で「誤解のないようにはっきり言っておくが」と書き手の意見が強硬路線支持派の意見とは、一線を画していることを前置きしたうえで、「オーストラリアは庇護希望者によって侵略されてなどいない」と強硬路線支持派の主張を否定している。ちなみに 'overrun'（侵略する）という単語は、＜戦争＞のメタファーの一つとも解釈でき、強硬路線支持派が庇護希望者問題を庇護希望者との「戦い」と捉えているとも解釈できる。
　(26) でも、「大衆の恐怖心を煽るような偏狭な考えを持つ輩どもが主張するように、オーストラリアが庇護希望者で"溢れ返っている"という事実はない」と強硬路線支持派のディスコースを重ねて否定している。"swamped"

(溢れかえっている)には注意の引用符が付され、書き手がこの表現を問題視していることがわかる。swamp は＜水＞のメタファーでもあり、＜人間の集合＞が＜水＞にたとえられる場合においては、個々の人間が問題にならないほどの数が移動していることが前提とされている傾向がある（大石 2006）。つまり、オーストラリアにやってくる庇護希望者の数が途方もないことを前提とし、あたかも迫りくる脅威であるかのような印象を相手に与える効果があるのである。この注意の引用符は、'swamped' という表現が流布し、大衆の恐怖心を煽っていることを書き手が憂慮していることを示しているのである。van Dijk (1996: 98) は、故・マーガレット・サッチャーも首相就任以前に 'swamped' と発言したことがあるほどで、移民に関するディスコースにおいては、かなり以前から使用されているメタファーであり、こうしたメタファーは、保守層の人種差別主義者が移民について語る時の常とう句となっていると分析している。

そして、'fear-mongering bigots'「恐怖心を利用して、自らの政策を有利に展開しようとする偏狭者」という表現は、書き手の難民受け入れ反対派への否定的評価であり、'swamp' という発言をする人たちへの書き手の軽蔑の意を込めた表象である。これは、新聞記者、社説を担当する論説委員という社会的アイデンティティから逸脱した語彙の選択ともいえ、それだけに書き手の強硬路線支持派への深い嫌悪が伝わってくる。裏を返せば、こうした語彙を選択させるほどに、オーストラリア世論が難民強硬策へ傾いているということなのかもしれない。

(28)において、「もちろん、オーストラリアは、粗末な船が外洋に出たために、悲劇が繰り返されるという非常に深刻な事態の収拾に努めなければならない。」と義務の 'must' を使用し、労働党をはじめとする強硬路線支持派のディスコースを再び肯定している。労働党は、難民強硬策を講じる理由として、庇護希望者を乗せた船の沈没事故の防止と密入国仲介者から庇護希望者を守ることを挙げている。つまり、書き手は 'of course'（もちろん）と明確性を表す叙法付加詞を使用し、強硬路線支持派の見解を是認し、譲歩しているのである。しかし、この社説テクストの結論部である(29)の最終センテ

ンスでは、再び包括的 "we" を用いて、読者を書き手のグループに取り込み、「私たちは、重要な責任と義務から逃れようとしてはならない」と禁止のモダリティ 'must not' を用いて、「責任」と「義務」を果たすように読者に念押しする形で、テクストを締めくくっている。

5　結び

「社説 (editorial)」とは、commentary のなかの media exposition という「説得のジャンル」に分類される (Iedema et al. 1994: 166)。media exposition の社会目的は書き手の意見が真であり、優れているのだと読者を説得することである。当該社説において、書き手が読者を説得するために採用した手法、および書き手が依拠した価値体系は、以下の点にまとめることができよう。

まず、書き手は、包括的 "we" を用いることで、読者を書き手のグループに取り込み、そのうえで義務モダリティの 'should' や 'must' あるいは禁止のモダリティ 'must not' を用いて読者に行動を要請する戦略を繰り返し用いていた。

書き手は、自らの意見と強硬路線支持派との差異を明確化するために二項対照を用い、労働党と自由党を中心とする強硬路線支持派を＜敵役＞として、＜主役＞である書き手と対立する関係に据えていた。

また、書き手は庇護希望者を＜敵役＞に翻弄される＜弱者＞として位置づけ、＜敵役＞は、＜弱者＞を＜モノ＞として扱い、人としての尊厳や命を軽視していると批判していた。書き手は、＜敵役＞のディスコースについて、社説テクストの最終段落においては、部分的にその主張を認めているところもあったが、テクスト全体としては、注意の引用符や、否定文を使用することで、徹底して否定していた。

語彙の選択にも、書き手の感情と価値観が露わになっており、テクストの冒頭では、感情に関わる語彙が繰り返し使用され、後半では、強硬路線支持派に対して、'fear-mongering bigots' のような軽蔑的な表現が用いられる展

開となるなど、テクスト全体を通して、非常に攻撃的で感情的であった。

　そんな書き手が拠所した、このテクストの基盤ともなっている価値観は、＜遵法精神＞、＜正義感＞そして＜キリスト教的ヒューマニズム＞であることが、「条約 (the 1951 UN refugee convention)」、「責任 (responsibility)」、「義務 (duty)」、「良心 (conscience)」、「聖域 (sanctuary)」といった語彙の使用からうかがえた。

　今回の研究で、当該テクストを生み出したオーストラリア社会は、白豪政策の終焉後、移民国家として発展してきたにもかかわらず、依然として庇護希望者の受け入れについては一貫して反対派が絶対的多数であることがより明白になった。社会学者であり、精神分析人類学者であるハージ (2003) は、白人系オーストラリア人には、自分たちがオーストラリアにおける法の制定者、つまり「ネイション」の「統治者」として中心にいるという信念があり、自分たちはエスニックたちについて決定を下すことができると考えていると述べている。こうした矜持と自負心のために、オーストラリア人は、庇護希望者を容易には受け入れることができず、タンパ号事件から10年以上もの歳月が流れても、依然問題が解決されないのであろうか。この点については、時のさらなる流れを待たねばならない。

参考文献

ハージ、G. (2003)（保苅実・塩原良和訳）『ホワイト・ネイション―ネオ・ナショナリズム批判―』東京：平凡社.［原著：Hage, G. (1998) *White Nation: Fantasies of White Supremacy in a Multicultural Society*, Annandale: Pluto Press.］

ハリデー、M. A. K. (2001)（山口登・筧壽雄訳）『機能文法概説―ハリデー理論への誘い―』東京：くろしお出版.［原著：Halliday, M. A. K. (1994) *An Introduction to Functional Grammar*, 2nd edition, London: Edward Arnold.］

フェアクラフ、N. (2012)（日本メディア英語学会メディア英語談話分析研究分科会訳）『ディスコースを分析する―社会研究のためのテクスト分析―』東京：くろしお出版.［原著：Fairclough, N. (2003) *Analysing Discourse: Textual Analysis for Social Research*, New York: Routledge.］

フェアクロー、N. (2008)（貫井孝典監修、他訳）『言語とパワー』大阪：大阪教育図書.［原著：Fairclough, N. (2001) *Language and Power*, 2nd edition, London: Longman.］

大石亨 (2006)「『水のメタファー』再考―コーパスを用いた概念メタファー分析の試

み―」『日本認知言語学会論文集』6: 277–87.
日本貿易振興会（1982）『世界の新聞雑誌ガイド』東京：日本貿易振興機構.
Eggins, S. (1994) *An Introduction to Systemic Functional Linguistics*, London: Continuum.
Hodge, B. and Kress, G. (1988) *Social Semiotics*, Cambridge: Polity Press.
Iedema, R., Feez, S. and White, P. R. R. (1994) *Media Literacy (Write it Right Literacy in Industry Research Project-Stage 2)*, Sydney: Metropolitan East Disadvantaged Schools Program.
Leach, M. (2003) ' "Disturbing practices": Dehumanizing asylum seekers in the refugee "crisis" in Australia, 2001-2002,' *Refuge*, 21(3): 25–33.
http://pi.library.yorku.ca/ojs/index.php/refuge/index, accessed, 1, September 2014.
Richardson, John E. (2007) *Analysing Newspapers: An Approach from Critical Discourse Analysis*, Basingstoke: Palgrave Macmillan.
van Dijk, T. (1996) 'Discourse, power and access', in C. R. Caldas-Coulthard and M. Coulthard (eds.) *Texts and Practices: Readings in Critical Discourse Analysis*, London: Routledge.

分析資料
A matter that should weigh on our conscience. (2013, July 25). *The Age*, p. 20.

【キーワード】ジェンダー、ナショナリズム、オリンピック、新聞

1　はじめに——理論的背景

　スポーツは歴史的に男性を中心に発展してきた。現在も報道量や経済的規模で中心になっているのは男子の野球やサッカーである。本稿では女子のスポーツとしても注目されるようになってきた、サッカーのロンドン五輪報道を題材とし、ジェンダーとナショナリズムの関係をCDA(Critical Discourse Analysis: 批判的ディスコース分析)に基づいて分析する。CDAの原則の一つに、言語分析そのものを研究の目的や出発点とするのではなく、社会的な問題を研究の出発点とすることが挙げられる(Wodak and Meyer 2009, Fairclough et al. 2011)。この研究の出発点は、スポーツにおけるジェンダーとナショナリズムである。

　CDAではディスコース（群）の概念が重要な軸となっているが、他に権力(power)とイデオロギー(ideology)の概念も重要である(Wodak and Meyer 2009)。

　本稿におけるイデオロギーは、社会主義や共産主義といった政治的な意味でのイデオロギーではなく、人びとが自分の行動や態度、他人を評価するのに用いる社会の規範や常識、価値観などの体系(Eckert and McConnell-Ginet 2003, Wodak and Meyer 2009)である。道徳的な価値観や偏見なども含まれ、政治家や活動家でなくとも誰もが持っているものと考える。

権力 (power) については、政治的権力に限らず、社会的なグループ間に存在する力関係 (van Dijk 1997) とする。こうした力関係はたとえば、男性と女性や日本人と外国人とのあいだ、社会的階層間などに存在する。CDA ではこうしたイデオロギーと権力には密接な関連があり、イデオロギーは不平等な力関係の維持に寄与していると考える (Weiss and Wodak 2003)。

ディスコースはこうしたイデオロギーを内包し、社会に存在する不平等な力関係の維持、産出、再生産に関わるので (Fairclough et al. 2011)、ディスコースを分析すれば、社会の不平等や諸問題、それらを支える力関係やイデオロギーを浮かび上がらすことができる。本稿ではジェンダー観やナショナリズムはイデオロギーであり、ディスコースによって作り出され、維持され、変化するものと考える。

本稿で重要な概念である「ジェンダー」は生物学的性別を基に社会的・文化的に構築されたものである。生物学的性別とは直接関係ないことまでが性別に起因するという考え方や現象を説明するための用語として「ジェンダー」を用いる[1] (Eckert and McConnell-Ginet 2003)。こうした考え方である「ジェンダー構築主義」(田中 2012) では、ジェンダーに関するイデオロギーによって女はこうするもの、男はこうするべき、または「女らしさ」「男らしさ」といったものが社会に広まると考える。

CDA の研究とフェミニズムに基づいた言語研究には、社会における不平等の解消を目指す点や、研究者の政治的・社会的立場を明確にすることを厭わない姿勢など、共通する部分が多いが、CDA 研究でジェンダーを扱ったものはけっして多いとはいえなかった (Lazar 2005, Wodak 2008)。しかし、CDA でジェンダーを扱う重要性は指摘されており (Lazar 2005)、斉藤 (1998) のように、日本社会を対象とした CDA 研究でジェンダーを扱ったものは比較的早い時期から存在する。

いっぽう、ナショナリズムについては、アンダーソン (2014) の「想像の共同体」(imagined community) としての「国民」(nation) の定義を援用す

---

[1] Butler (1993) はジェンダーの概念こそが、二分化された生物学的性別 (sex) を作り出し、生物学的性別自体も社会的・文化的な産物であると主張する。

る。アンダーソン（2014: 24）は「国民とはイメージとして心に描かれた想像の政治共同体である」という。日本のメディアでは、国際的なスポーツ大会で日本チームを中心に報道することや、日本を応援することは自明とされ、積極的に日本を応援するよう働きかける報道も見られる。しかしながら、多くの人にとって日本の選手は、知り合いでも同じ学校や会社、町にいるわけでもなく、個人として応援する理由はない。同じ「日本人」であるというだけで「日本」のチームを応援することが自明とされている。実体がない中で見ず知らずの多くの人と共同体としての実感を持てるのは想像の力による。アンダーソン（2014）は、このような「想像」を浸透させたのは出版業、とくに新聞が大きな役割を果たしたとしている。

ナショナリズムはときに排外的な要素を含むので、CDAの研究で取り扱われることも多い。たとえばWodak et al.（2009）は、オーストリアのナショナル・アイデンティティの構築について、演説やフォーカスグループのインタビューなどの分析から、国の同質性の強調や他者の差別化、排除が行われていることを明らかにした。

スポーツメディアの研究ではジェンダーもナショナリズムも重要な視座である。Rowe et al.（1998）は、スポーツの国際大会の報道では成績とは関係なく、女子よりも男子チームに国の誇りを背負わせる傾向があると指摘し、ナショナリズムとジェンダーの関係を論じている。本稿ではこの指摘をヒントに日本のメディアを取りあげ、男性を中心に行われてきたサッカーで、ナショナリズムとジェンダーにどのような関係があるのか、男子選手を取りあげる場合と女子選手を取りあげる場合でナショナリズムに違いがあるのかについて探っていく。

日本では、サッカーは男性中心のスポーツで、長いあいだ女子サッカーがメディアで取りあげられることはほとんどなかった。2011年、東日本大震災後に女子の代表チームがワールドカップで優勝したのをきっかけに、国民的な注目を浴び、女子サッカーにも光が当たるようになった。翌年のロンドン五輪時の女子代表の世界ランキングは3位で、男子よりもメダル獲得の期待がかけられた。こうした状況で行われたロンドン五輪のサッカーの新聞

報道をジェンダーとナショナリズムという観点から分析するのが本稿のテーマである。

2 先行研究

2-1 スポーツメディアとジェンダー

　オリンピック報道とジェンダーの研究は、日本も含めさまざまな国で行われてきた。新聞やテレビの五輪報道が扱う競技者の男女別による報道量の比較をした場合、差は少ない (Vincent et al. 2002, Capranica et al. 2005)、または少なくなってきたという報告 (King 2007) が西ヨーロッパや北アメリカの研究でされている。

　日本の新聞のオリンピック報道について調べた飯田 (2007) では、アテネ五輪 (2004年) 期間中の一般紙の五輪記事において、日本人選手を扱う記事や写真の面積で男女差はほとんどなかった。しかし同期間中の五輪以外のスポーツ記事では、高校野球やプロ野球など、男性選手を扱った記事が圧倒的に多かった。このように五輪報道の量的な男女差は小さくなり、女性選手の活躍も著しいが、日常的に見られるスポーツはプロスポーツである野球やサッカーが中心で、男子が注目されることが多い (飯田 2007)。

　さらに五輪報道について、言語分析などの質的分析を行うと「男らしさ」や「女らしさ」を構築する表現が浮かび上がってくる。たとえば飯田 (2003) では、柔道の菅原典子選手が結婚後にオリンピックに出場した際、新聞で「主婦」「ミセス」「奥さん」などと書かれ、彼女が女性であることや結婚したことに着目した描き方だったと指摘している。

　五輪以外の日本のスポーツ報道のジェンダー研究として、Light (1999) は高校ラグビーのテレビと新聞の報道を分析し、負傷しても試合に出るような自己犠牲の精神や試合後に選手が泣く姿の描写は、どれだけチームに身と心を捧げたかを表しており、日本的「男らしさ」に結びつくと論じている。Tominari(2011)ではCDAを使って高校野球の新聞記事を分析し、選手の涙

への言及や＜侍＞メタファー（隠喩）が伝統的な日本の「男らしさ」を構築しているとした。

2-2　スポーツとナショナリズム

国際的なスポーツ大会でのスポーツとナショナリズムの結びつきは明白で（吉見 1999）、さまざまな形で論じられてきた。メディアで使われる言語に注目した研究や CDA を使ったものもある。オリンピックはとくにナショナリズムとスポーツが深く交差するイベントであり、ナショナリズムとスポーツの研究対象となりやすい。

山根・朴（2011）は、1952 年から 2008 年までの日本と韓国のオリンピックに関する新聞記事で、見出しの表現の量的な分析を行い、国家意識の変化や日韓の比較をしている。国家意識に関する言葉としては、国名や国旗を表す表現に注目し、日本の新聞（『朝日新聞』）では国旗を表す言葉が見出しに出なくなったと指摘している。いっぽう韓国の見出しでは「私」や「我々」を表す「ウリ」という表現が国の共同体意識を作るのに重要な働きをしていると論じている。

高木（2011）は CDA を使って、北京オリンピック時に発行された中国の『人民日報』の英語版を分析し、中国の国家意識がどのように表象されているかを考察している。ここではフェアクラフ（2012）の分析の枠組みを援用し、国家意識に関するディスコース群として (1) 中国の政治的・経済的発展 (2) 式典の素晴らしさ (3) 中国国民一体化 (4) 友好関係、の四つを明らかにしている。

ヨーロッパではとくにサッカーとナショナリズムが強く結びついており、サッカー報道に見られるナショナリズムの CDA 研究がいくつかある（Bishop and Jaworski 2003, Georgalou 2009, Torkington 2010）。先に山根・朴（2011）での韓国の「ウリ」という表現について述べたが、ナショナリズムを扱う CDA の研究で集団的アイデンティティを確立する表現としてよく注目されるのが、英語の人称代名詞 we と they の使い分けである。We は「我々」である in-group を指し、they は我々ではない「彼ら」out-group を指す（Wodak et al. 2009)。Bishop and Jaworski (2003) ではイギリスの新聞のサッカー報道でこうした表現がどのように使われているかを分析し、「we」によってサッカーのイングランド代表と一体化された「我々(国民)」が構築されていると論じている。Torkington (2010) では、イギリスのタブロイド紙がサッカーのイングランド代表の負け試合でも、相手チームに悪者を作り出すことでイングランドを正当化し、イングランド代表、もしくは「我々」を肯定的に表出していたと考察している。Bishop and Jaworski (2003) では、タブロイド紙が＜戦争＞メタファー (隠喩) を使いながらワーテルローの戦い (ベルギーでの試合だったため) や二つの世界大戦を想起するような記述をしていたことも示し、＜戦争＞メタファーによって闘争心を煽るだけでなく、歴史的な出来事を共有して共同体意識を作ると述べている。こうしたことは、そもそもナショナリズムが歴史の共有によって確立していること (大澤 2009) にもつながっているだろう。

3 データ

スポーツ報道のナショナリズムとジェンダーの関係を調べるため、本研究ではロンドン五輪のサッカーの日本代表の新聞記事を利用する。分析対象は販売部数が日本でもっとも多い『読売新聞』(読売新聞社 2013) である。取り扱いの利便上、読売新聞のホームページから記事を収集した。収集は 2013 年 8 月に、ホームページ内に当時あった過去の記事の検索機能を使って行った。記事は紙上掲載されたものに限り、読売新聞社外の人によるコラムや試合経過・結果のみの記事は除いた。発行期間は男女のサッカーが行われた 2012 年 7 月 25 日から 8 月 12 日までとした。

オリンピックでは二分化された性別による種目分類を行っており、選手の「性別疑惑」のような騒動を引き起こす元ともなっているが (Cooky and Dwarkin 2013)、本稿ではこうしたスポーツにおける性別の区分の問題点を踏まえつつも、実質的にはオリンピックの出場選手として男女に分けられた代表チームに基づいてデータの分析を行う。記事数は女子代表チームに関す

るものが 36 本、男子代表チームに関するものが 38 本と男子の記事数のほうが多かったが、女子の記事データ全体は 40,080 字（22,451 語）[2]、男子は 36,203 字（20,039 語）で、女子のデータのほうが大きかった。

男女とも予選リーグを突破し、女子は決勝まで進み、男子は準決勝で敗退後、3 位決定戦を行っているので、試合数は同数である。本稿では男子と女子の記事の集合体をそれぞれ独立したコーパスデータとし、男女それぞれのデータでナショナリズムがどのように構築されているかを分析する。男女のデータ間でナショナリズムのディスコース群に関する類似点や相違点を見つけながら、五輪記事でのジェンダーとナショナリズムの関係を探る。

4 分析方法

4-1 分析対象と視点

CDA には決まった方法論はなく、データの性質や目的に応じた分析方法の選択が可能である（Wodak and Meyer 2009）。本研究の分析や考察の視点は先行研究から導き出された次の 4 点とする。

1. 代表チームと国民の一体化
2. 国の象徴やステレオタイプの記述
3. ＜戦争＞メタファーの使用
4. 歴史の共有

そして、これらを分析、考察するのに役立つと思われる分析方法や理論を選択した。この 4 点を検討するために分析対象とした言語表現は、代表チームの呼称（5-1）、願望を表す語尾「～たい」（5-2）、国の象徴やステレオタイプを表す語（5-3）、＜戦争＞メタファーの表現（5-4）、過去の出来事への言及（5-5）である。分析対象の表現と上記四つの視座は一対一で対応していることが多いが、複数の視座の重なりが分析によって浮かび上がる場合も

---

[2] 語数は KH Coder（http://khc.sourceforge.net）による。

あった。

　言語分析は語彙を中心としており、質的分析と量的分析によって成り立っている。質的分析と量的分析を組み合わせることによって互いに補完し、幅広い分析が行えるようにした。分析方法の背景にある理論を次に簡単に説明する。

4-2　分析理論

　ここでは、一部の分析方法の根拠となる理論的な背景を説明する。最初に代表チームの呼び方と願望表現「〜たい」の分析に関係する「社会的行為者」について説明し、次に戦争に関するメタファー（隠喩）の分析で援用する認知メタファー理論について述べる。

4-2-1　社会的行為者

　本稿ではテクストの登場人物やそれに相当する表現の分析は「社会的行為者」（social actor）という概念に基づいて行う。社会的行為者とは、「社会的実践」（social practice）に参加している人物をいう（van Leeuwen 2008）。社会的行為者はテクストの表象においては「節における＜参与者＞であるが、そうでない場合」（フェアクラフ 2012: 218）もあり、それぞれの社会的行為者がいかに表象されるかがディスコースの分析では重要である。社会的行為者の詳細な分析用枠組みを確立した van Leeuwen (2008) はある社会的実践がどのようにテクストに描かれるかはディスコース群に影響されると主張する。つまり、どのように社会的行為者が表現されているか（または表現されていないか）を分析、考察することによって、その背後にどのようなディスコース群があるのかが見えてくる。

　フェアクラフ (2012) は van Leeuwen にも言及しながら、社会的行為者の表象され方の例をいくつか示している。表象の分析には、テクスト内での社会的行為者の有無（inclusion / exclusion）や、社会的行為者が名詞（noun）で呼ばれているか、代名詞（pronoun）で呼ばれているか、社会的行為者の文法的役割（grammatical role）は何か、名で呼ばれているか（named）、どのよう

な分類がされているか (classified) といった視点がある。

4-2-2　認知メタファー理論

　メタファー（隠喩）は CDA の分析対象として重要な位置を占めるようになってきたが (cf. Hart and Lukeš 2007)、メタファー分析は認知言語学に依るため、認知ではなく社会を中心に据えている CDA との相性は悪かった (Chilton 2005, Wodak 2006)。しかし、フェアクラフ (2012: 199) でも、本稿で分析するような「語彙的隠喩」はディスコース群によって異なり、隠喩の使い方によって異なる世界を表象すると論じている。また以下で説明する認知メタファー理論の祖ともいえる Lakoff and Johnson (1980) にも言及しており、CDA におけるメタファー分析の重要性が示されている。

　本稿ではメタファーやメトニミー（換喩）は認知メタファー理論 (Cognitive Metaphor Theory) (cf. Lakoff and Johnson 1980, Kövecses 2010, Semino 2008) に基づいて分析する。認知メタファー理論でメタファーとは「ある概念領域を別の概念領域を通して理解すること」(Kövecses 2010: 4) である。二つの事物の共通点を見つけ、わかりづらい複雑な事物をよりわかりやすい事物を通して捉えようとするものが多い。たとえば「人生の分岐点に立っている」や「人生の曲がり角」といったメタファーは「人生」という複雑な概念（目標領域：target domain）を「旅」というよりわかりやすい概念（起点領域：source domain）を通して理解している。この二つの表現はどちらも＜人生は旅である＞という「概念メタファー」(conceptual metaphor) に基づいている。概念メタファーを明らかにすると、異なる表現でも同じ概念メタファーに基づいていることがあり、多様なメタファー表現を体系的に分析することができる。

　概念メタファーは、ディスコース群の分析にも有効である。概念メタファーはときにイデオロギー的であり (Semino 2008)、一方的な見方が判明することもある (Lakoff and Johnson 1980)。スポーツでは＜戦争＞が起点領域となる概念メタファーが多いが (Malszecki 1995, Charteris-Black 2004)、Malszecki (1995) はスポーツでの＜戦争＞メタファーの多用はスポーツを通

した「男らしさ」の構築や女性排除に寄与してきたと論じている。

メトニミー（換喩）にも認知メタファー理論を応用できる[3]。メトニミーは一つの概念からそれと同じ概念領域にある別の概念に心的アクセスするという認知プロセスであり、二つの概念は近接関係にある（Kövecses 2010）。なお、「類と種」の近接関係に基づくものをシネクドキ（提喩）と呼ぶが（籾山・深田 2003）、本稿ではシネクドキも含めてメトニミーとする（cf. 谷口 2007）。

メトニミーの例として、「官僚」を彼らの多くが働く場所である「霞が関」という地名で呼び「霞ヶ関のやり方」、夏目漱石の作品全体を「漱石」と呼んで「漱石は面白い」といった表現がある。メタファーのように、これらの表現の認知プロセスに注目すると、「霞が関」という＜場所＞が＜そこで働く人びと＞を表し、「漱石」という＜作者＞でその人の＜作品＞を表していることがわかる。表現として現れている概念とそれが示している概念には近接関係（人といる場所、作者と作品）が見られる。

メトニミー表現の分析では、どの表現または概念を入り口にどの概念が表されているのかに注目すると、ディスコース（群）の分析に役立つ。谷口（2007）は、メトニミーでは比較的目立つ事象で目立ちにくい事象を表す傾向があり、近接関係にある概念同士であっても表現を入れ替えるのは無理な場合が多いと指摘している（上記の例であれば、「霞が関に行く」を「官僚に行く」とはできない）。

5　分析および考察

5-1　チームの呼び方

最初に、本データの重要な社会的行為者である代表チームの呼び方に注目する。データ内には他に個々の選手や監督などの社会的行為者も存在する。

---

[3]　認知メタファー理論は Cognitive/Conceptual Metaphor and Metonymy Theory ということもある。（Semino 2008）

社会的行為者の分析では、どのように呼ばれているかが重要である。表1と表2は男女それぞれの代表チームの呼び方を示す。「日本」という表現は、国や地名としての「日本」を指す場合と代表チームを指す場合があるが、ここでは代表チームを指すもののみが示されている。なお、表1と表2では記事本文と見出しで使われたものを区別せず、データ全体での合計数となっている。

表1　女子代表の呼び方

呼び方	回数	合計回数に対する割合(%)
日本	97	37.9
なでしこ	63	24.6
なでしこジャパン	24	9.4
日本(なでしこジャパン)	21	8.2
チーム	14	5.5
代表	13	5.1
日本代表(なでしこジャパン)	7	2.7
ニッポン	4	1.6
日本女子代表(なでしこジャパン)	3	1.2
日本女子(なでしこジャパン)	3	1.2
日本代表	3	1.2
日本チーム	1	0.4
世界王者	1	0.4
世界女王	1	0.4
サッカー女子	1	0.4
合計	256	100.0

表2　男子代表の呼び方

呼び方	回数	合計回数に対する割合(%)
日本	121	51.3
チーム	36	15.3
日本代表	32	13.6
男子	11	4.7
五輪代表	7	3.0
日本男子	5	2.1
代表チーム	5	2.1
サムライ	5	2.1
代表	4	1.7
ニッポン	4	1.7
関塚J	3	1.3
男子代表	1	0.4
日本代表チーム	1	0.4
若きイレブン	1	0.4
合計	236	100

　表1と表2が示すように、男女とも代表チームを「日本」と呼ぶ割合がもっとも高くなっている。国の代表チームを「日本」と国名で直接呼ぶ場合、たんなる短縮表現とも考えられるが、メトニミーとして捉えることもでき、＜国＞が＜代表チーム＞を表している。他のメトニミー表現であっても、たとえば「漱石を読む」や「白バイが来た」は、それぞれ正確にいえば「漱石の作品を読む」、「白いバイクに乗った警官が来た」となり、短縮表現とメトニミー表現は表裏一体の部分がある。

　メトニミー表現では、一つの概念領域内の目立つ事象や重要な事象が用いられるという指摘があったが（谷口 2007）、代表チームを「日本」と呼ぶことにも当てはまる。オリンピックは国を単位として参加しており、国を単位にチームが作られ試合を行う。＜国＞は重要な概念であり、代表チームを「日本」とだけ呼ぶことで、日本という国が強く反映される。

　男子の代表（表2）は「日本」と呼ばれる割合が全呼称の半数を超える51.3％であるのに対して、女子の代表（表1）は37.9％と半数に及ばない。

女子は「日本（なでしこジャパン）」を合わせても、46.1％と男子より低い割合である。つまり男子代表の記事のほうが、＜国＞が＜代表チーム＞のメトニミーを多く使い、代表チームに国を反映させる割合が高いことになる。ちなみに「日本代表」という呼称の割合が、男子代表13.6％に対し、女子代表は「日本代表」1.2％と「日本代表（なでしこジャパン）」2.7％の両方合わせても男子に及ばない。「日本」という言葉自体の使用頻度も男子の記事データでは223回（1万語あたり111.28回）、女子のデータでは208回（同90.42）と男子のデータでの使用頻度が有意に高い（χ^2=4.44, df=1, p<.05）。

こうした違いの背景には女子代表は表1が示すように「なでしこ」や「なでしこジャパン」またはこれらを含む呼称の割合が極めて高いことがある。「なでしこ」と「なでしこジャパン」の割合の合計は34.0％にのぼる。「なでしこジャパン」の愛称は2004年に公募でつけられたものだが（JFA 2014）、「なでしこ」が日本人女性の理想像の象徴である「大和撫子」に由来するのは明らかだ。「女子」と書かれてなくても日本の女子のチームであることを含意する。新聞は字数制限があるが、「なでしこ」は「日本」よりも長く、字数だけで表現が選ばれているわけではないことがわかる。

男子の五輪代表に公式の愛称はないが、いわゆるA代表（年齢制限のない代表トップチーム）は公式に「SAMURAI BLUE」という愛称がある（JFA 2014）。この影響かもしれないが、男子の五輪代表は「サムライ」と5回呼ばれている（表2）。「サムライ」（侍）は武士道のイメージに基づいた伝統的な日本男性の理想像として心身ともに強く逞しい男性を表し、日本のステレオタイプとして海外にも知られている言葉である。公式なチームの愛称でなくても、「サムライ」という表現を使うことでこうした伝統的な男性像やナショナリズムを男子の五輪代表に投影させている。このように男女それぞれの代表チームを日本の伝統的ジェンダー観およびナショナリズムを表す表現を使って表象している。

次に、見出しでの代表チームの呼称を調べた。女子36本、男子38本の記事の見出しのうち、代表チームの呼称を含むものは女子が26本、男子は27本だった。女子の記事の見出しでは、女子代表の呼称のすべてが「なで

しこ」だった。男子の呼称はさまざまあったので表3に示す。

表3　見出しでの男子代表チームの呼び方

呼び方	回数
日本	9
男子	8
サッカー男子	5
関塚J	2
サムライ	2
日本男子	1

　表3にあるように、見出し中の男子代表の呼称でもっとも多かったのは「日本」、一つの差で「男子」が続いた。「サムライ」や「関塚J」という呼び方はデータ全体での数は多くなかったが（表2参照）、本文より目を引く見出しで2回ずつ使われていた。「関塚J」は監督の名前「関塚」にJapanのJを付けた呼び名である。

　女子の記事の見出しには男子代表を表す表現はなかったが、男子の記事の見出しには女子代表を指す語が2回含まれ、一つは「なでしこ」、もう一つが「女子」だった。それぞれの見出しを下に示す。

（1）ロンドン五輪　女子に続け　男子今夜初戦 VS スペイン/サッカー
　　　（7/26-2 男子）
（2）ロンドン五輪　日本、スペイン破る　大津　決勝ゴール　なでしこ初陣
　　　飾る　（7/27-2 男子）
（抜粋中の下線は筆者による。括弧内は記事の日付と同日に複数記事がある場合の記事番号、男女のデータの区別を示す）

　（1）では女子代表と男子代表がそれぞれ「女子」「男子」の表現で対等に呼ばれているが、（2）の見出しでは、男子代表は性別が表れない国名の「日本」、女子は愛称の「なでしこ」と呼ばれており、非対称である。男子代表が「日本」との親和性がより高く、女子代表は愛称が浸透しているために

「日本」と呼ばれる回数が低いというデータ全体の傾向を反映したような見出しである。

これまで見てきたように、男女の記事ともに社会的行為者である代表チームの呼称によってナショナリズムを構築しているが、その方法は異なる。男女どちらのデータでも「日本」という呼び方がもっとも使われており、代表チームに国を象徴させているが、男子の記事でより頻繁に使われている。これは男子代表こそが真の日本代表として構築されることにつながり、女子代表はあくまで「なでしこジャパン」という女子チームとして表象され、男子代表とは異なるチーム像が構築される。愛称の有無による差とも考えられるが、そもそも愛称を作らないと男子代表の影に隠れてしまうような存在だった女子代表の状況があった。また、愛称自体に伝統的な日本人女性を表す表現が使われており、男子代表のほうが「国」を背負い、女子代表は「女性性」を背負うことになっている（Rowe et al. 1998）。

5-2 願望表現「〜たい」

先行研究で紹介した山根・朴（2011）や Bishop and Jaworski（2003）で論じられていたように、韓国やイギリスの新聞では人称代名詞が代表チームと国民を包括する役割を果たしていたが、本データには指示対象の広い包括的な「我々」や「私たち」といった人称代名詞はなかった。他にどのような表現が代表チームと国や国民を一体化する可能性があるかデータを検討していくと、先行研究での指摘とは逆に主語を省略し主体を曖昧にすることで、代表チームと一体化させる可能性が浮かんできた。これは社会的行為者の「排除」（exclusion）にあたり、テクスト内の別の部分に表象されていれば「背景化」（backgrounding）、テクスト内のどこにもなければ「隠蔽」（suppression）に相当する（フェアクラフ 2012: 219–20）。

このような現象で注目したのは願望を表す「〜たい」というモダリティ表現である。フェアクラフは、欲望（desire）の表れについてはモダリティというだけでなく評価（evaluation）にも関連付けて論じている。評価とは「望ましさ（desirability）と望ましくなさ（undesirability）、善と悪に関する」もの

としている（フェアクラフ 2012: 248）。記事に表れる「〜たい」という表現の多くは、代表チームが試合に勝つためにしたいことを表し、「望ましさ」を表す「欲望」と考えることができる。

「〜たい」の一般的な文法的特徴には、主語の人称制限がある。心的状態を表す「〜たい」は、話し手本人の願望を表すため、通常その主体（主語）は話し手（一人称）である。ただし、疑問文として相手に働きかける文では主体は二人称になる（たとえば「お水飲みたい？」）。主体を三人称にするには、語尾を「〜したがっている」にしたり、「そうだ」「らしい」などを付加する必要がある（仁田ほか 2014）。「〜たい」は「心理述語」の一つでもあるが、心理述語としても主語は通常話し手に限られる（廣瀬・長谷川 2010）。

こうした願望表現「〜たい」の原則を踏まえ、願望を表す文末表現として使われた「〜たい」の主体の人称を調べた結果が表4である。新聞記事という性質上、主体が二人称のものは存在せず、多くの願望の主体は一人称だった。

表4　願望表現「〜たい」の主体の人称

	女子の記事	男子の記事
一人称	36	21
二人称	0	0
上記以外	2	8
合計	38	29

願望の主体が一人称であるほとんどの例は、選手や監督などが話した言葉を引用した直接話法内のもので、話し手本人の願望を述べたものだった。しかし、男子の記事に1例だけ地の文で一人称の主体を持つ「〜たい」があった。

> (3) 1968年メキシコ五輪以来、44年ぶりに4強入りしたサッカー男子日本代表。10日の3位決定戦・韓国戦に敗れ、メダル獲得はならなかったが、世界の舞台で強豪相手に6試合戦い、貴重な経験を

積んだ若手のさらなる成長を<u>期待したい</u>。(8/12 男子)

　実際には、「期待したい」の主語は省略されており、意味内容と「〜たい」の原則から願望の主体は一人称(記事の書き手)と推定できる。一般の新聞記事に書き手を表す「私」等はめったに現れないので、この省略自体は自然である。社会的行為者の表象という観点からは、書き手である社会的行為者が「隠蔽」されていることになる。「隠蔽」された社会的行為者の推定はできるが、あくまで推定であり、厳密にいうと願望の主体は曖昧なままである。
　女性ファッション誌の表現を分析した林(2002: 60)では、女性誌が主語を省略することで(フェアクラフの「隠蔽」に相当する)、読者が自分自身をその主語に当てはめたり、書き手と読者が一緒に主語に当てはめられたりでき、両者のアイデンティティが同一化されると論じている。(3)でも、林(2002)の議論と同じようなことが起こりうる。「期待したい」の主語には、読者自身を当てはめることもでき、読者と書き手の願望を重ねてアイデンティティを同一化することも可能である。
　表4は、願望の主体が一人称と二人称以外のものもあったことを示しており、男子の記事で8例、女子の記事で2例は先述した原則に従っていなかったことになる。この計10例についてより詳しくみていく。
　まず10例のうち、女子の全2例を含む3例では、願望の主体が文中に明示されており、その主体は三人称である。

（4）この堅い守備陣に対し、<u>日本</u>は運動量を増やして攻め、連係プレーから<u>崩したい</u>。(8/3-1 女子)
（5）守備ラインを統率するセンターバックの岩清水(日テレ)が「前に出て(2トップへの)パスコースを切ること」と言うとおり、まずは2人にボールが渡らないよう、<u>全員</u>が連動した素早いプレスでボールの出どころを<u>抑えたい</u>。(8/9-1 女子)
（6）<u>日本</u>はここまで2戦連続無失点と守備には安定感があり、様々な選手を組み合わせることで攻撃の幅を<u>広げたい</u>。(8/1-2 男子)

主語は（3）と（5）が「日本」、（4）は「全員」だが、どれも願望の主体は代表チームである。牧野（1978）では、「～たい」の主語が一人称でなく三人称であっても、その主語に話し手が一体感を持てるのであれば、正しい用法になると述べている。これを上記の3例に適用すると、記事の書き手が代表チームに一体感を持っていることになる。

男子の残り7例には、文中に願望の主体は書かれていないが（「排除」）、前文に書かれている社会的行為者から「背景化」された主体を推定できるものがある。

> （7）その優勝メンバーから、FWマタやDFアルバらを加えた五輪代表の実力は高く、日本は苦戦が予想される。相手の攻撃を粘り強くしのいで自分たちのリズムを作り、勝機を<u>見いだしたい</u>。（7/26-1 男子）

ここで「勝機を見いだす」ことができるのは日本代表の選手たちである。前文とのつながりからも「日本」が省略された主語ではないかと考えられる。省略された主語は三人称であり、男子代表の願望に書き手が一体感を感じていることになる。

主体の推定がもう少し難しいものもある。主語のない「～たい」が2回続けて出てくる部分を以下に抜粋する。

> （8）モロッコ戦では、日本がボールを保持する時間は増えるはずだが、戦い方の基本は同じになる。初戦で切れの良さを見せた2列目のMF清武、MF東らからFW永井につなぐ形で相手守備を<u>崩したい</u>。「得点は決めるところは決めないといけない」と清武が語るように、スペイン戦では後半、決定機を数多く逃した。シュートの精度向上も課題になる。ピム監督率いるモロッコは個々の技術が高く、組織としてもまとまった好チームだ。守備では、引き分けた初戦のホンジュラス戦でゴールを決めた1トップのFWラビア

ドをしっかりと封じ込めたい。(7/29-1 男子)

　(8)を含む段落が男子代表を中心に書かれており、両下線部の願望の内容が選手にしかできないことであるため、願望の主体はどちらも男子代表と推定できる。しかし、(7)のように直前にわかりやすく省略された語があるわけではない。とくに「封じ込めたい」の文の前はモロッコチームについて述べられており、日本代表への直接の言及は抜粋の最初にまで遡る。

　(7)や(8)の例のように、男子の記事で文中に願望の主体が明示されていないものは、前文またはさらに遡ることによって主体を推定できる。主語の省略された全7例において、曖昧にされた願望の主体は男子代表と推定できた。省略部分から離れているにもかかわらず、三人称である願望の主体を推定できるのは、これらの記事が明らかに男子日本代表の視点で書かれているからだろう。牧野(1978)の説に従うと、書き手が男子代表に一体化していることになる。また、林(2002)を参考にすれば、主体の省略によって読者も選手たちの願望に一体感を持ちやすくなっているのではないだろうか。

　主体が一人称ではなく、省略されることもある「～たい」は、じつは新聞(社説や報道文)などで一般的によく使われる(益岡2007)。益岡(2007)は、願望表現「～たい」で一人称主語が明示されていないものは、願望ではなく「価値判断」(p.229)の意味を持つことがあると述べている。益岡が論じている「価値判断」を表す「～たい」の特徴を簡単にまとめると次のようになる。

① 感情的ではなく理知的(願望という主観的感情が希薄)
② 伝達性が強い(独話文にならない)
③ 「べきだ」(適当の意)に言い換えることができる。
④ 「ものだ」を文末に付け加えられる。
⑤ 「ためには～」という構文の主節に現れる。
⑥ 「ぜひ」(願望表現と呼応)と呼応しにくい。

これまで論じてきた本データの例が「価値判断」を示す「〜たい」であるのかを確かめるため、③④⑥を三人称の主語が明示されていた（6）と省略されていた（7）の例に当てはめると、次のようになる。

(6′) 日本はここまで2戦連続無失点と守備には安定感があり、様々な選手を組み合わせることで攻撃の幅を<u>広げるべきだ</u>。(8/1-2 男子)
(6″) 日本はここまで2戦連続無失点と守備には安定感があり、様々な選手を組み合わせることで攻撃の幅を<u>広げたいものだ</u>。(8/1-2 男子)
(6‴) 日本はここまで2戦連続無失点と守備には安定感があり、様々な選手を組み合わせることで<u>ぜひ</u>攻撃の幅を<u>広げたい</u>。(8/1-2 男子)

(7′) 相手の攻撃を粘り強くしのいで自分たちのリズムを作り、勝機を<u>見いだすべきだ</u>。(7/26-1 男子)
(7″) 相手の攻撃を粘り強くしのいで自分たちのリズムを作り、勝機を<u>見いだしたいものだ</u>。(7/26-1 男子)
(7‴) 相手の攻撃を粘り強くしのいで自分たちのリズムを作り、勝機を<u>ぜひ見いだしたい</u>。(7/26-1 男子)

　③を適用した(6′)と(7′)の例は、文としておかしくはないが、益岡(2007: 231)のいう「事態の実現が適当であるという判断を表す」「〜べきだ」ではなく、命令に近くなる。④を適用した(6″)と(7″)では、「〜たい」の意味が弱まり、もとの文とは意味合いが少し変わってくる。逆に⑥を適用した(6‴)と(7‴)に不自然さは感じられず、「〜たい」の意味が強められている。この結果、(6)と(7)の「〜たい」は、願望を表すもので、社説などで使われているものとは異なり、感情的な欲求を表していることが確認できる。これは(6)(7)以外の例でも確認できた。これらは、明示的には一人称の主体でないにもかかわらず（三人称か三人称の省略）、本来は「〜たい」の主体にしかわからないはずの願望を、第三者である書き手が成り代わって書い

ていることになる。つまり、記事の書き手が代表チームと一体化しているともいえ、牧野（1978）の説と一致する。

　表4が示したように、「〜たい」の数は女子の記事に多いが、願望の主体が一人称ではないものは、男子の記事に多い。これは、書き手が男子代表により一体感を感じていることを示しているのかもしれない。さらに願望の（三人称と推定される）主体が省略されているものは、女子の記事にはなく、男子の記事には7例ある。推定は可能でも、省略により主体はより曖昧になり、林（2002）のいうように、読者も願望の主体に当てはめることができる。このことは、男子代表に読者が一体化しやすい、または一体化できるように書かれていると解釈できる。いずれにしても、女子代表より男子代表に書き手と読者に代表される国民がアイデンティティを同一化しやすいという前提のもと、記事が書かれているように思われる。こうした書き手および読者と代表チームの一体化によって構築されるのは「we-共同体」（フェアクラフ 2012）である。書き手と読者のアイデンティティが男子代表のものと同一化され、同じ国民（ネイション）としての「we-共同体」が作られている。

5-3　国の象徴、ステレオタイプ

　5-1で女子代表が愛称の「なでしこ」、男子代表が「サムライ」と呼ばれることについて論じたが、こうした国の象徴やステレオタイプをスポーツの国際大会の記事で使うことはナショナリズムの喚起につながる（Bishop and Jaworski 2003）。今回のデータでは数は少ないが、男女のデータともに「サムライ」や「なでしこ」以外でも日本を象徴する言葉を使っていた。

　まず、日本の国旗である「日の丸」がどのくらい使われていたかを調べると、女子の記事で3回、男子の記事で2回だった。この合計5例のうち4例は下記の（9）のように日本代表のサポーターの応援の様子を表すものだった。残る1例は女子の代表、沢選手についての記事で「日の丸のユニホーム」という表現で「日の丸」が日本代表を象徴するものとして使われていた。

（9）日本サポーターから「ニッポンコール」が起き、日の丸を振って健闘を祈った。(7/26-5 女子)
　（10）日の丸のユニホームに袖を通してきた沢穂希　(8/10-1 女子)

　山根・朴（2011）は『朝日新聞』でオリンピック記事の見出しに「日の丸」が近年入らなくなってきたと示しているが、今回の『読売新聞』のデータでも、男女ともに「日の丸」が見出しや小見出しで使われているものはなかった。本データで「日の丸」が言及されている場合、（9）のようにほとんどは実際に応援者が持っている日の丸の旗を表している。こうした描写により、代表チームと旗によって象徴している国、応援している人たちとの結びつきを表しており、ナショナリズムのディスコース群を構築している。

　いっぽう（10）の例では「日の丸」は実際にユニホームに付いてはいるが、むしろその主眼は日本の国の象徴であることで「日の丸のユニホーム」とは「日本代表のユニホーム」を表す。この表現では日本という国と代表チームの結びつきを示している。

　他に日本を象徴する表現として「大和魂」があり、男子の記事でのみ計3回使われていた。このうち1回はサッカーの代表チームが五輪に初出場したベルリン大会（1936年）についての記事の小見出しで「初出場で大和魂」(7/27-6 男子)という目立つものだった（5-5も参照のこと）。残りの2回は引用で使われており、一つはメキシコ大会（1968年）出場時五輪代表のコーチをしていたドイツ人の発言を当時選手だった釜本邦茂が思い出している発言中で、もう1例も同大会で釜本と一緒にプレーした杉山隆一の発言で使われており、次のようなものだった。

　（11）「（省略）…あとは銅メダルという結果をつかんで、大和魂を見せてほしい」(7/27-6 男子)

こうした引用は、発言自体は発言者が行ったものだが、記事に入れる決断は新聞社側が行っているものなので、新聞社側の意思で入れていると考えられ

る。大和魂は「日本民族固有の精神。勇猛で潔いのが特性とされる」(『広辞苑』)とあり「男らしさ」との親和性が高く、女性にはほとんど用いられない表現である。本データでも男子の記事でしか見られなかったことがこれを裏づける。「大和魂」という表現を使用することで日本人であるというだけでなく、日本人男性としての選手のアイデンティティの構築に役立つ。男子代表を「サムライ」と呼ぶこととも共鳴し、男子の記事では女子とは異なるナショナリズムとジェンダーが表象され、日本の伝統的な男らしさを理想とする選手像が構築されている。

5-4 ＜戦争＞メタファー

表5と表6は＜戦争＞メタファーの表現ごとにデータ内での使用頻度を男女で比較したものである（引用、見出し等の区別なく合計したもの）。スポーツでよく使われる用語であっても、元々の意味が戦争や軍事、武士の戦いなどに由来するものは＜戦争＞メタファーの表現とした。＜戦争＞メタファー表現には漢字の「戦」を含む表現が大変多いので、表5に「戦」の字を使用した表現のみを示し、その他の表現を表6に示した。ちなみに＜戦争＞メタファーであるかどうかに関わらず各データ内の「戦」の数だけを数えたところ、女子の記事では217字（1000字あたり5.41字）、男子では284字（1000字あたり7.84字）使われており、男子の記事での使用頻度が有意に高かった（χ^2=16.85, df=1, p<.001）。これら「戦」のうちメタファー以外で使われていたのは「第2次大戦」（男子の記事）のみだった。

表5 「戦」という字を使った＜戦争＞メタファー表現の数

表現	女子の記事 回数	女子の記事 頻度*	男子の記事 回数	男子の記事 頻度*
(国名)戦	49	21.83	84	41.92
戦(たたか)〜	33	14.70	42	20.96
対戦	31	13.81	32	15.97
初戦	22	9.80	32	15.97
(数字)戦	14	6.24	14	6.99
観戦	7	3.12	8	3.99
戦術	7	3.12	5	2.50
最終戦	6	2.67	9	4.49
一戦	6	2.67	5	2.50
作戦	5	2.23	1	0.50
決定戦	4	1.78	28	13.97
PK戦	4	1.78	4	2.00
敗戦	4	1.78	2	1.00
決戦	4	1.78	0	0
連戦	2	0.89	6	2.99
延長戦	2	0.89	3	1.50
次戦	2	0.89	1	0.50
熱戦	2	0.89	1	0.50
挑戦	2	0.89	1	0.50
苦戦	2	0.89	1	0.50
決勝戦	2	0.89	0	0
空中戦	2	0.89	0	0
実戦	1	0.45	1	0.50
開幕戦	1	0.45	0	0
消耗戦	1	0.45	0	0
戦力	1	0.45	0	0
戦線	1	0.45	0	0
〜回戦	0	0	2	1.00
善戦	0	0	1	0.50
合計	217	96.65	283	141.22

＊調整頻度：10,000語あたりの回数

　先ほど述べたように、男子の記事のほうが「戦」を使ったメタファー表現は多いが、表現別に見ていくと女子の記事でより多く使われているもの(「決

戦」）や、あまり数は変わらないもの（「対戦」）もある。男女で状況が異なるために使用数が異なる場合もあり、女子は決勝まで進んだため「決勝戦」「決戦」といった表現があり、男子は3位決定戦があったため「決定戦」という表現が多い。

　表5の表現のうち、男女で差がもっとも大きいのは「（国名）戦」（カナダ戦、スペイン戦など）である。この「戦」は＜試合＞を意味しており、表中には他に「（数字）戦」（2戦、3戦など）「開幕戦」「PK戦」などの表現もある。こうした＜試合は戦いだ＞という概念メタファーに基づいた表現はスポーツ用語として定着しているものも多い。実際、表5の「（数字）戦」「観戦」「一戦」「PK戦」などに男女差はほとんどない。しかし、「（国名）戦」は男子のほうが有意に多く（χ^2=13.06, df=1, p<.001）、表5の合計数にも反映している。注目すべきは「戦」の前に国名が入ることである。こうした表現が男子のデータに多いことは、男子の記事のほうがより直接的にサッカーの試合を国同士の戦いと捉えた書き方をしていることになる。

　「戦〜」という語幹は「戦う」「戦って」などの表現によって男女それぞれのデータ内での多少は異なり、合計数では男子のほうが多く使われていたが、有意差はなかった。「戦」の字を使用した全メタファー表現の合計は、男子のほうが有意に女子よりも多かった（χ^2=17.71, df=1, p<.001）。歴史的に「戦い」が男性の領域であることが影響しているのかもしれず（cf. Malszecki 1995）、ジェンダーによる差が伺える。なかでも「（国名）戦」の表現の差が大きいのは、男子の記事がナショナリズムをより掻き立てている可能性を示唆する。

　次に「戦」を含まない＜戦争＞メタファー表現を表6で見ていく。

表6 「戦」という字を使わない＜戦争＞メタファー表現の数

表現	女子の記事		男子の記事	
	回数	頻度*	回数	頻度*
守備	26	11.58	33	16.47
攻撃	19	8.46	21	10.48
猛攻	6	2.67	2	1.00
布陣	6	2.67	1	0.50
～陣	6	2.67	10	4.99
武器	4	1.78	5	2.50
反撃	3	1.34	0	0.00
先陣	3	1.34	0	0.00
司令塔	2	0.89	0	0.00
シュートを意味する「～弾」	2	0.89	5	2.50
初陣	2	0.89	1	0.50
出陣	1	0.45	0	0.00
火ぶた	1	0.45	0	0.00
闘志	0	0.00	2	1.00
撃破	0	0.00	3	1.50
合計	81	36.08	83	41.42

＊調整頻度：10,000語あたりの回数

　表6の表現は「戦」が使われていないので、戦いそのものよりも戦いのなかで使う用語や武士の戦いに由来するものが中心となっている。表6の合計数や頻度の男女差は表5よりずっと小さく、若干男子のほうが多い程度となっている（有意差のあるものはない）。

　表6の表現のうち漢字「陣」を使ったものと「火ぶた」は近代以前の武士の戦いに由来する。これらの表現（全6表現）の出現数を男女で比較すると、女子が計19回（1万語あたり8.46）、男子が12回（同5.99）と男子のほうが少ない（有意差なし）。男子代表が「サムライ」と呼ばれることと、こうした表現の使用に関連はないことがわかる。とくに「陣」という字を使った表現は女子の記事で多い。「戦い」を直接表さない武士の戦いに由来する表現はジェンダーと関係なくスポーツ用語として使われているようだ。

　表6には激しい＜戦い＞の様子を表す表現もある。たとえば「猛攻」とは「はげしく攻めたてること。猛攻撃」（『広辞苑』）で、女子の記事で6例、

男子の記事で2例ある。この表現は男女ともに相手チームの描写に使われている。

　　(12) ブラジルの猛攻に耐え続けてきた仲間を、大儀見が救った。
　　　　　　　　　　　　　　　　　　　　　　　　　　　(8/4-1 女子)
　　(13) なでしこ猛攻しのぐ (8/4-2 女子　見出し)
　　(14) 「なでしこ」はいかに米国の猛攻をしのぐか (8/9-1 女子)
　　(15) 相手の猛攻を体を張って防いだ徳永 (F東京) は… (8/12-1 男子)

これらの例では、相手チームがいかに強く、日本代表がいかにそれに耐えたのかを描くのに「猛攻」という語が使われ、逆説的に日本代表チームの強さ、とくに守り抜く力や忍耐力を表している。
　次に男子の記事で3例見られる「撃破」について考える。「撃破」は「1.敵をうちやぶること。2.敵に損害を与えること (かつて日本軍が撃沈・撃墜と区別して使った語)」(『広辞苑』) である。この言葉は1例が1964年の五輪のサッカー代表についての記事で使われており、2例は初戦でスペインを負かした試合の記事で使われている (下記の例)。

　　(16) 日本 スペイン撃破　(7/27-3 男子、小見出し)
　　(17) サッカーの日本男子は優勝候補のスペインを撃破して五輪初戦を
　　　　 飾った。(7/27-6 男子)

　強豪と言われていたスペイン代表を男子日本代表が破った試合の記事で「撃破」が使われている。先ほどの武士の時代の表現より直接激しい戦いの様子を表し、日本代表の強さを強調する。(16) は国名と「撃破」のみの小見出しで、国同士の戦争を表すような表現となっている。男女でもちろん試合の状況は異なるが、女子の記事では「撃破」のような激しいイメージの〈戦争〉メタファーを含む見出しや小見出しは見つからない。

5-5　過去への言及—歴史の共有

2-2で述べたように、「想像の共同体」として国を成立させるには歴史の共有が必要であり（大澤 2009）、スポーツの記事でも過去のその国のスポーツや戦争などの歴史的な出来事に触れることによってナショナリズムを構築していく（Bishop and Jaworski 2003）。

表7は男女の各データで過去の大きな出来事に言及している記事の数を示したものである。

表7　過去の主要な出来事に言及した記事数

女子の記事		男子の記事	
出来事	記事の数	出来事	記事の数
ワールドカップ（2011）	24	メキシコ五輪（1968）	17
東日本大震災	5	北京五輪（2008）	5
アテネ五輪（2004）	5	トゥーロン国際大会	5
北京五輪（2008）	4	欧州選手権	4
アトランタ五輪（1996）	2	アジア大会（2010）	3
女子欧州チャンピオンズリーグ	2	アトランタ五輪（1996）	3
アジアカップ	1	シドニー五輪（2000）	3
世界選手権（1991）	1	アジアカップ（2011）	2
U-20 ワールドカップ	1	アジア選手権	2
アルガルベ杯	1	アテネ五輪（2004）	1
キリンチャレンジ杯	1	ベルリン五輪（1936）	1
シドニー五輪（2000）	1	東日本大震災	1
合計	48	合計	47

女子の記事では女子代表が前年のワールドカップで優勝したため、頻繁にそのことに言及している。男子代表は大きな実績のあるチームではないので、男子の記事でもっとも言及しているのは40年以上前にサッカーで銅メダルを獲得した1968年のメキシコ五輪である。この大会で活躍した釜本邦茂のコメントもあり、メキシコ五輪でのサッカー日本代表について詳細に書かれた箇所もある。メキシコ大会への言及は予選リーグを勝ち抜き、メダル獲得の可能性が少し見えてきたあたりからとくに頻繁になった。

昔の五輪の記述としてもう1例、1936年のベルリン大会がある。メキシコ大会よりもさらに遡り、戦前ナチス政権下で行われたオリンピックである。この大会に言及したのは1回だが、特徴的な記述がされている。ベルリン大会はサッカーの日本代表が初めて参加した五輪で優勝候補のスウェーデンに勝った。これがロンドン五輪初戦でスペインに勝ったのと似ているというのだ。無理やり関連付けているようにも思えるが、記事の小見出しは次のようになっている。

（18）先輩、やりました！（大きな字で縦書き）
　　　ベルリン大会 初出場で大和魂（小さな字で横書き）（7/27-6 男子）

　「先輩、やりました！」の部分にカギ括弧はないが、あたかもロンドン五輪の男子代表選手らが言ったようになっており（自由直接話法）、記事の書き手が選手らに一体化した主体からの発言となっている。「先輩」は記事本文に書かれたベルリン大会に参加した選手らを指していると推察できる。この小見出しでは書き手のアイデンティティと一体化された男子代表が、ベルリン大会の代表選手に向かって自分たちのスペインに対する勝利を報告しているのだ。ベルリン大会の代表チームはもう存在しないが、このような凝った書き方により、ロンドン五輪の代表選手とベルリン大会に出場した選手達を結びつけ、歴史的な関連性を作ることができる。さらに男子代表を通して現在と過去の試合を結びつけ、オリンピックを通した国としての一体感、歴史の流れを構築できる。
　男子の代表が五輪に参加してきた歴史のほうが女子よりも長いためか、メキシコ大会とベルリン大会についての記述が表すように、男子の記事のほうが過去の五輪への言及が多い。女子サッカーが五輪種目になったのは1996年のアトランタ五輪からである。
　女子の記事のほうが多く言及している出来事として「東日本大震災」がある。女子代表がワールドカップで優勝したのが震災の年であり、選手達の被災地への思いや福島のチームにいた選手がいること、被災地でボランティア

をした選手がいることなど合計5回言及されている。男子代表にも被災地を訪れたり、ボランティアをした選手はいたかもしれないが、記述はなかった。女子の記事では「東日本大震災」への言及によって、国と代表チームの一体化が構築されているのではないだろうか。この一体化は＜戦い＞ではなく、選手らの人をいたわる感情に基づく。震災の年のW杯優勝が大きな理由かもしれないが、女性性というジェンダーがしばしば感情や優しさ、いたわりなどと関連付けられることが多い（Eckert and McConnell-Ginet 2003）ことも関係するかもしれない。

次に表7にある出来事以外で、歴史を表す表現がどのように使われていたかも検討する。「歴史」という表現そのものは女子の記事で4例、男子の記事で7例（うち1例は韓国に関するもの）が見つかった。それぞれからいくつか例を挙げる。

(19) 日本女子代表31年の歴史で、2試合目となるアフリカ勢との顔合わせ。（7/31-2 女子）
(20) 悲願の金メダル獲得はならなかったが、昨夏のワールドカップドイツ大会優勝に続き、なでしこはまた一つ、歴史に名を刻んだ。（8/10-3 女子）
(21) 日本サッカーの新しい歴史を作ろうという若きイレブンの快進撃が、ついに止まった。（8/8-2 男子）
(22) 大会前に清武は語った。「メダルを取ったメンバーだと、日本の歴史に残る。だから結果にはこだわる」。（8/9-1 男子）

(20)のように女子の4例のうち3例は「歴史」という語が単独で使われており、「誰の」または「どこの」「歴史」なのかを明確にしない書き方だった。(19)では「日本女子代表31年の歴史」のように誰のどんな歴史かが明確に書かれている。いっぽう男子の記事からの上記2例は「日本のサッカー」や「日本」の「歴史」と明示されている。全体の表現数が少ないので一般化はできないが、男女の例を比較すると、女子の記事では曖昧な「歴

史」または女子代表の「歴史」であるのに対し、男子では男子代表の「歴史」ではなく、「日本」や「日本サッカー」の「歴史」というように国への直接的な言及があり、男子代表に国が象徴されている。

　もう一つ歴史に関する表現として「日本サッカー史」がある。この表現は女子の記事では一度も使われていない。男子の記事には3例あり、2例はメキシコ五輪での銅メダル獲得について、1例はロンドン五輪でスペインに勝ったことを述べている部分で、次のようなものだった。

　　(23) 日本サッカー史に残る金星だ。(7/27-2 男子)

「日本サッカー史」という表現によって「国」の単位に基づいた一つの「歴史」が作られ、五輪男子代表の勝利をこのなかに含めることで彼らの勝利の偉大さ、権威性を強める。女子代表は初めてメダルを獲得したが、女子の記事では一度もこの表現が使われておらず、女子のメダル獲得よりも男子の予選リーグでの(予選敗退した)スペインに対する勝利のほうが「日本サッカー史」に残ることになる。

　本データの歴史に関する表現の使われ方を男女で比較すると、男子の代表チームの活躍は「日本」という国の歴史として捉えられるが、女子の活躍はそこには直接含まれないものとして捉えられている。男子代表についての記述では、何十年も前に遡る歴史への言及が目立ち、その頃から継続する五輪男子代表の歴史が構築され、日本のサッカーの歴史の一部とされている。

6　結び

　本稿では、ナショナリズムに関するディスコース群が男女のサッカー五輪代表の新聞記事でどのように構築されているのかをみてきた。さまざまな言語表現を分析してきたが、全体として日本という国や日本人というアイデンティティは男子代表により強く重ねられ、男子代表が「日本」を表し、書き手や読者も一体化されるというナショナリズムのディスコース群が構築され

ていた。また、＜戦争＞メタファー表現の「(国名)戦」が男子の記事でより多く使われていたことから、男子代表の試合のほうが他国との＜戦い＞として描かれ、他国に対してのナショナリズムのディスコース群も構築されていた。男子代表は「サムライ」と呼ばれることもあり、伝統的な日本人男性の理想像と重ね合わされていた。過去への言及やサッカーの歴史の表象を通しても男子代表が日本のサッカーの歴史を作っているという形で描かれていた。

　女子代表も日本の代表であり、ナショナリズムのディスコース群は見受けられたが、男子の記事ほど代表チームが「日本」を投影させた存在のようには描かれておらず、「なでしこ」という男子とは別の形でのナショナリズムが構築されていた。女子代表の活躍が注目され、ロンドン五輪でも銀メダルを取り、今回の記事のデータ量も女子のほうが多かったが、言語表現を分析していくと、同じ大会に参加していた男子代表のほうがナショナリズムとより強く結びつけられていた。スポーツの分野を含め、ナショナリズムとジェンダーの多面的な研究がこれからも求められるだろう。

参考文献

アンダーソン、B. (2014)(白石隆・白石さや訳)『定本　想像の共同体―ナショナリズムの起源と流行―』(社会科学の冒険 II 期 4) 東京：書籍工房早山．[原著：Anderson, B. (1983) *Imagined Communities: Reflections on the Origins and Spread of Nationalism*, London: Verso.]

フェアクラフ、N. (2012)(日本メディア英語学会メディア英語談話分析研究分科会訳)『ディスコースを分析する』東京：くろしお出版．[原著：Fairclough, N. (2003) *Analysing Discourse: Textual Analysis for Social Research*, London and New York: Routledge.]

林礼子 (2002)「雑誌との対話―女性雑誌のなかで構築する『私』のアイデンティティ―」『言語』31 (2): 57–61.

廣瀬幸生・長谷川葉子 (2010)『日本語から見た日本人―主体性の言語学―』東京：開拓社．

飯田貴子 (2003)「新聞報道における女性競技者のジェンダー化―菅原教子から楢崎教子へ―」『スポーツとジェンダー研究』1: 4–14.

飯田貴子 (2007)「ジェンダー視点から検証したアテネオリンピック期間中の新聞報道」

『スポーツとジェンダー研究』5: 31–44.
JFA（日本サッカー協会）(2014)「沿革・歴史 JFA　日本サッカー協会」http://www.jfa.jp/about_jfa/history/（アクセス日 2014 年 8 月 10 日）
牧野成一（1978）『ことばと空間』神奈川：東海大学出版会.
益岡隆志（2007）『日本語モダリティ探究』東京：くろしお出版.
籾山洋介・深田智（2003）「意味の拡張」松本曜（編）『認知意味論』（シリーズ認知言語学入門　池上嘉彦ほか監修　第 3 巻）東京：大修館書店, 73–134.
仁田義雄・尾上圭介・影山太郎他（編）(2014)『日本語文法事典』東京：大修館書店.
大澤真幸（2009）「ナショナリズムという謎」大澤真幸・姜尚中（編）『ナショナリズム論・入門』（有斐閣アルマ）東京：有斐閣, 1–35.
斉藤正美（1998）「クリティカル・ディスコース・アナリシス：ニュースの知／権力を読み解く方法論：新聞の「ウーマン・リブ運動」（一九七〇）を事例として」『マス・コミュニケーション研究』52: 88–103.
新村出（編）(2002)『広辞苑』第五版　東京：岩波書店.
高木佐知子（2011）「北京オリンピック新聞報道における国家意識の表象」神田靖子・山根智恵・高木佐知子（編著）『オリンピックの言語学―メディアの談話分析―』岡山：大学教育出版, 117–46.
田中東子（2012）『メディア文化とジェンダーの政治学―第三波フェミニズムの視点から―』京都：世界思想社.
谷口一美（2007）「言語学からのアプローチ」菅野盾樹（編）『レトリック論を学ぶ人のために』京都：世界思想社, 54–77.
山根智恵・朴点淑（2011）「オリンピック記事における日韓比較―新聞の見出しをもとに―」神田靖子・山根智恵・高木佐知子（編著）『オリンピックの言語学―メディアの談話分析―』岡山：大学教育出版, 1–35.
吉見俊哉（1999）「ナショナリズムとスポーツ」井上俊・亀山佳明（編著）『スポーツ文化を学ぶ人のために』京都：世界思想社, 41–56.
読売新聞社（2013）『2014 読売新聞媒体資料』http://adv.yomiuri.co.jp/yomiuri/medialist/sougou.html#markbook（アクセス日 2014 年 3 月 15 日）
Bishop, H. and Jaworski, A. (2003) "We Beat'em": nationalism and the hegemony of homogeneity in the British press reportage of Germany versus England during Euro 2000', *Discourse & Society* 14 (3): 243–71.
Butler, J. (1993) *Bodies That Matter: On the Discursive Limits of 'Sex'*, New York: Routledge.
Capranica, L., Minganti, C., Billat, V., Hanghoj, S., Piacentini, M. F., Cumps, E., and Meeusen, R. (2005) 'Newspaper coverage of women's sports during the 2000 Sydney Olympic Games: Belgium, Denmark, France, and Italy', *Research Quarterly for Exercise and Sport* 76 (2): 212–23.
Charteris-Black, J. (2004) *Corpus Approaches to Critical Metaphor Analysis*, Basingstoke and

New York: Palgrave Macmillan.

Chilton, P. (2005) 'Missing links in mainstream CDA: modules, blends and the critical instinct', in R. Wodak and P. Chilton (eds.) *(Critical) Discourse Analysis: Theory, Methodology and Interdisciplinarity*, Amsterdam: John Benjamins, 19–52.

Cooky, C. and Dworkin, S. (2013) 'Policing the boundaries of sex: a critical examination of gender verification and the Caster Semenya controversy', *Journal of Sex Research* 50 (2): 103–11.

Eckert, P. and McConnell-Ginet, S. (2003) *Language and Gender*, Cambridge: Cambridge University Press.

Fairclough, N., Mulderring, J. and Wodak, R. (2011) 'Critical discourse analysis', in T. van Dijk (ed.) *Discourse Studies: A Multidisciplinary Introduction* 2nd edition, London: Sage, 357–78.

Georgalou, M. (2009) 'Scoring a hat trick: nation, football, and critical discourse analysis', *Rice Working Papers in Linguistics* 1: 108–41.

Hart, C. and Lukeš, D. (eds.) (2007) *Cognitive Linguistics in Critical Discourse Analysis: Application and Theory*, Newcastle: Cambridge Scholars Publishing.

King, C. (2007) 'Media portrayals of male and female athletes: a text and picture analysis of British national newspaper coverage of the Olympic Games since 1948', *International Review for the Sociology of Sport* 42 (2): 187–99.

Kövecses, Z. (2010) *Metaphor: A Practical Introduction* 2nd *edition*, Oxford: Oxford University Press.

Lakoff, G. and Johnson, M. (1980) *Metaphors We Live by*, Chicago: University of Chicago Press.

Lazar, M. M. (2005) 'Politicizing gender in discourse: Feminist critical discourse analysis as political perspective and praxis', in M. M. Lazar (ed.) *Feminist Critical Discourse Analysis: Gender, Power and Ideology in Discourse*, New York: Palgrave Macmillan, 1–28.

Light, R. (1999) 'Learning to be a "rugger man": High school rugby and media constructions of masculinity in Japan', *Football Studies* 2 (1): 74–89.

Malszecki, G. M. (1995) ' *"He shoots! He scores!": Metaphors of War in Sport and the Political Linguistics of Virility*, Unpublished PhD Thesis, North York, Ontario: York University.

Rowe, D., McKay, J. and Miller, T. (1998) 'Come together: Sport, nationalism, and the media image', in L. A. Wenner (ed.) *MediaSport*, London and New York: Routledge, 119–33.

Semino, E. (2008) *Metaphor in Discourse*, Cambridge: Cambridge University Press.

Tominari, A. (2011) *The Male Sports Hero and Masculinity: A Critical Discourse Analysis of Broadsheet and Sports Newspaper Articles on the National High School Baseball Championship 2006 in Japan*, Unpublished PhD thesis, Department of Linguistics,

Lancaster University.

Torkington, K. (2010) 'Heroes and villains: discursive strategies for (re)producing "myths" of national identity in the newspaper coverage of international football', *Sapientia*: 963–77. https://sapientia.ualg.pt/handle/10400.1/1406（アクセス日 2013 年 10 月 20 日）

van Dijk, T. A. (1997) 'Discourse as interaction in society', in T. A. van Dijk (ed.). *Discourse as Social Interaction*, London: Sage, 1–37.

van Leeuwen, T. (2008) *Discourse and Practice: New Tools for Critical Discourse Analysis*, New York: Oxford University Press.

Vincent, J., Imwold, C., Masemann, V. and Johnson, J. T. (2002) 'A comparison of selected "serious" and "popular" British, Canadian, and United States newspaper coverage of female and male athletes competing in the Centennial Olympic Games: Did female athletes receive equitable coverage in the "Games of the Women"?', *International Review for the Sociology of Sport* 37 (3-4): 319–35.

Weiss, G. and Wodak, R. (2003) 'Introduction: theory, interdisciplinarity and critical discourse analysis', in G. Weiss and R. Wodak (eds.) *Critical Discourse Analysis: Theory and Interdisciplinarity*, Basingstoke, Hampshire and New York: Palgrave Macmillan: 1–32.

Wodak, R. (2006) 'Mediation between discourse and society: Assessing cognitive approaches in CDA', *Discourse Studies* 8 (1): 179–90.

Wodak, R. (2008) 'Controversial issues in feminist critical discourse analysis', in K. Harrington, L. Litosseliti, H. Sauntson, and J. Sunderland (eds.) *Language and Gender Research Methodologies*, Basingstoke: Palgrave Macmillan, 193–210.

Wodak, R., de Cillia, R., Reisigl, M. and Liebhart, K. (2009 [1999]) *The Discursive Construction of National Identity*, Translated by A. Hirsch, R. Mitten, and J.W. Unger, Edinburgh: Edinburgh University Press.

Wodak, R. and Meyer, M. (2009 [2001]) 'Critical discourse analysis: History, agenda, theory and methodology', in R. Wodak and M. Meyer (eds.) *Methods of Critical Discourse Analysis*, 2nd edition, London: Sage, 1–33.

【キーワード】社説記事、少子化、スタイル、モダリティ、評価

1　はじめに

　平成25 (2013) 年6月5日、厚生労働省は平成24 (2012) 年の人口動態統計月報年計（概数）を公表し、同年の合計特殊出生率（3-1参照）が1.41、そして出生数が103万7101人であったということを報告した。合計特殊出生率は16年ぶりに1.4台に回復したものの、実際に生まれた子どもの数は統計を取り始めた昭和64／平成元 (1989) 年以降過去最少であった。日本政府がこれまでさまざまな少子化対策を実施してきたが、平成2 (1990) 年の「1.57ショック」から20年以上が経過した今なお、日本は少子化の状態から脱却できていない。このように、わが国において少子化傾向が一向に解消していないなか、日本の新聞社の社説記事において少子化「問題」はいかに伝えられているのだろうか。

　新聞記事のなかでも、一般的に事実を伝達することを役目としている報道記事と比較すると、社説記事においては意見を表明し、論説委員の立場を明確にすることがある程度許容されている (Fowler 1991: 208)。

　そこで、本稿は、批判的ディスコース分析 (Critical discourse analysis、以

---

1)　本稿は、大阪府立大学で開催された一般社団法人日本メディア英語学会 (JAMES) 第116回西日本地区例会 (2013年9月21日) において「社説記事にみる少子化問題—stylesに焦点を当てて—」と題して口頭発表した原稿に加筆・修正を施したものである。

下CDAとする)の観点に基づいて、『朝日新聞』、『毎日新聞』および『読売新聞』3紙の社説記事を分析することにより、社説記事を担当する論説委員がどのようなスタイルを選択しながら少子化「問題」に対して意見表明を実践しているのかを明らかにすることを目的とする。

2 分析方法と先行研究

2-1 分析方法

　CDAは、ディスコース(言語使用)の中に埋め込まれた支配的イデオロギー、差別や支配といった不平等な権力の明確化を目的とする、「社会的な権力支配の(再)生産における談話の役割に焦点を当てた」(野呂 2001: 17)談話分析研究のことである。CDAは、一つの理論や研究手法が確立した学派を指すものではなく、CDAを実践する研究者は、さまざまなアプローチのなかから、個々の研究目的に適した手法を選択するのである(Fairclough et al. 2011)。

　そのなかで、本稿は、フェアクラフの理論的枠組みおよびスタイルの分析方法を援用する。フェアクラフはこれまでディスコースの弁証法的理論、そして社会文化的変化とディスコースの変化に対する学際的アプローチを発展させてきた (Chiapello and Fairclough 2002, Chouliaraki and Fairclough 1999, Fairclough 1992, 2000, 2003, 2010 など)。CDAは、言語使用を含む記号現象(semiosis)としてのディスコースを社会的実践(social practice)[2]の一形態と捉える。社会的実践は、社会的プロセスにおける具体的な社会的出来事と抽象的な社会構造(親族関係、社会階級、言語など)のあいだの関係を媒介するものである。この関係性をディスコース的(記号的)レベルに置き換えると、社会的実践としてのディスコースが、社会的出来事としてのテクストと社会構造としての言語を媒介すると言うことができる。また、社会的出来事

---

[2]　社会的実践は、社会的プロセスにおける「さまざまな社会的要素の節合(articulation)」と考えられている(Chiapello and Fairclough 2002: 193)。

としてのテクストと社会構造のあいだには社会的実践を介した弁証法的関係、すなわち「異なった要素ではあるが、分離している、完全に別個の要素ではなく」(Chiapello and Fairclough 2002: 193)、相互に影響を与え合う関係が存在する。言い換えると、ディスコースは、社会によって形成されるとともに、社会を形成するのである。具体的には、ディスコースは、知識、人々のアイデンティティ、そして人々のあいだの関係性などを形成するとされる (フェアクラフ 2012, Fairclough et al. 2011)。

さらに、社会的実践は、特定の方法でネットワーク化される。この社会的実践のネットワークは、特定の社会的実践の可能性を選択し、それ以外を排除する社会的秩序 (social order) を構成するのである (Chiapello and Fairclough 2002: 194)。この社会的秩序のディスコース的側面が、ディスコースの秩序 (order of discourse) である。ディスコースの秩序は、意味生成の仕方を社会的に規定する、言語使用を含む記号現象に関する規範である。フェアクラフは、ディスコースの秩序を構成する要素として、ジャンル (行為や相互行為の仕方：genres)、ディスコース群 (世の中の表象の仕方：discourses)、そしてスタイル (存在の仕方：styles) を挙げている (フェアクラフ 2012: 32–3)。ジャンル、ディスコース群そしてスタイルとして現れるディスコースにより、テクストのなかで、知識、アイデンティティ、そして社会的関係などが形成されるというわけである。また、社会的出来事と社会構造と同様に、これらの要素のあいだにも弁証法的関係が存在するのである。

本稿は、上記のディスコースの秩序を構成する要素のなかで、スタイルの概念を援用する。フェアクラフは、ディスコースの秩序の一部であるスタイルについて、以下のように述べている。

> ディスコースは、特定の存在の仕方、特定の社会的もしくは個人的なアイデンティティを構築するときに、身体的な行動とともに現れる。このディスコース的側面をスタイルと呼ぼう。　（フェアクラフ 2012: 33）

つまり、私たちは、自分自身の存在の仕方（すなわち、アイデンティティ[3]の構築の仕方）を認識し、それに基づいて行為を選択すると言える。たとえば、育児雑誌の記事のオーサー（author）[4]は、読者に育児情報のアドバイスをする際には、読者の助言者スタイルを選択したり、あるいは、読者に訴えかける際には、読者の友人スタイルを選択したりするのである。

　少子化に関する社説記事のオーサーである論説委員は、少子化「問題」を主として (1) 少子化を引き起こす原因、(2) 少子化によってもたらされる影響、(3) 少子化の状態を解消するためにとられる対策という側面から表象している。そこで、本稿は、それぞれのテクスト上の表象的意味を生み出す三つのディスコース群、(1)「少子化原因ディスコース」、(2)「少子化影響ディスコース」、(3)「少子化対策ディスコース」において社説記事のオーサーが選択しているスタイルを明らかにすることを目的とする。また、本稿は、これらのディスコース群とスタイルの弁証法的関係も考察する。つまり、オーサーが少子化「問題」に関して意見表明をする際に選択するスタイルにおいて、「少子化原因ディスコース」、「少子化影響ディスコース」および「少子化対策ディスコース」がいかに教化されているかに注目する。

　ここで、社説記事においてオーサーが利用すると想定されるスタイルについて説明する。まずは、「論説委員スタイル」である。1 節で述べたとおり、社説記事において、オーサーは意見を表明し、自己の立場を明確にすることが認められている。それ故、本稿は、オーサーの主張を重視するスタイルを、「論説委員スタイル」と定義づける。次に想定されるのが、「報道記者ス

---

[3] アイデンティティという概念は、頻繁に使用されているが、明確に定義づけされていることはめったにない。そのなかで、社会構築主義者は、アイデンティティを「社会的に決められたものではなく、社会的に構築され」たもの（Ivanič 1998: 12）であり、そして多様な選択肢のうちの一つであるとみなしている。Fairclough もこの考え方を踏襲しており、政治家のトニー・ブレアがさまざまなアイデンティティのあいだを移動していることを明らかにしている（Fairclough 2000）。

[4] オーサーとは、複数の選択肢のなかから、ある表現を選択することにより、「真実性、責任、必然性、価値に対して心的態度（コミットメント）を示していると思われる人物」（フェアクラフ 2012: 15）のことを指している。

タイル」である。報道記者の役割が一般的に事実を伝達することであるということから、ニュースの事実性に対してこだわりを示すスタイルを、「報道記者スタイル」と定める。「論説委員スタイル」では、定言的言明、真理性・義務性への高い心的態度などを示す言語的特徴が見られ、いっぽう「報道記者スタイル」では、真理性・義務性への低い心的態度、他者の「声」(voice)を引用する言語的特徴が見られる。社説記事において具体化されている言語的特徴を分析することにより、社説記事のオーサーがどちらのスタイルを踏襲しているかを検証する。

2-1-1　スタイルを具現化する言語的特徴

スタイルを具現化する言語的特徴として、フェアクラフ（2012）は、発音、抑揚（イントネーション）、強勢（ストレス）、リズムといった音韻的特徴、語彙（例、強意の副詞類やののしりの言葉）および隠喩（metaphor）、そして言語と身体言語（body language）の相互作用に言及している。モダリティ（modality）および評価（evaluation）もスタイルの具現化に深く関わっていると考えられている。そこで、本節は、今回取り扱う社説記事テクストの言語的特徴に言及しながら、モダリティと評価[5]という、二つの項目を概説する。

2-1-1-1　モダリティ

モダリティは、これまでさまざまな立場から研究されてきたが、現代のモダリティ研究に多大な影響を与えたのが、(1) 選択体系機能文法の立場に立つ Halliday、(2) モダリティを表すカテゴリーの分類を行っている Palmer (2001)、(3) 認知文法の立場に立つ Langacker であると言われている（澤田 2006）。そのなかでも、フェアクラフ（2012）のモダリティに対する概念は、

---

[5] フェアクラフ（2012）は、スタイルを具現化する言語的特徴として、主観的モダリティを示す人称代名詞（personal pronouns）にも言及している。だが、日本語のテクスト、とりわけ社説記事においては、一人称代名詞や二人称代名詞が使用されない、あるいは省略されていることが多い。そこで、本稿は、主観的モダリティを表示する一人称および二人称代名詞を考察の対象外とする。

Halliday (1994) や社会記号論 (social semiotics) の立場に立つ Hodge and Kress (1988) に影響を受けている。

　フェアクラフによると、モダリティとは、「何が真実であり何が必要であるか」（フェアクラフ 2012: 238）に関する、オーサーの心的態度のことである。さらに、モダリティには、認識モダリティ (epistemic modality) と義務モダリティ (deontic modality) という2つのタイプがある。認識モダリティは、オーサーの真理性に対する心的態度、そして義務モダリティは、オーサーの義務性／必要性に対する心的態度のことである。これらの認識モダリティと義務モダリティの双方において、心的態度のレベルはさまざまである (Halliday 1994)。たとえば、「国会での法案審議の段階で公表していれば、現状への危機意識と抜本改革の必要性を、各政党が、もっと共有できた<u>かもしれない</u>」（『読売新聞』2004年6月11日付「出生率1.29　危機意識を持ち改革に取り組め」）は、「…もっと共有できた<u>に違いない</u>」とした場合よりも、その真理性に対する心的態度が低いと言える。そして、モダリティ化 (modalization) [6] を示すマーカーとして、フェアクラフは、Hodge and Kress (1988) や Halliday (1994) に倣い、非常に包括的に捉えており、法助動詞（例、'possible'）、法副詞（例、'possibly'）、分詞形容詞（例、'required'）、心理過程の節（例、'I think'）、法形容詞（例、'may' や 'should'）、そして様相の動詞（例、'seem to'）などを挙げている [7]。本稿も、日本語のモダリティ研究（益岡 1991，高梨 2010 など）を参考にしながら、フェアクラフ (2012) に倣い、モダリティ化を表示するマーカーを包括的に捉えることにする。

---

6)　Halliday (1994) は、モダリティのタイプを2つに分け、蓋然性 (probability) と通常性 (usuality) のタイプをモダリティ化 (modalization)、義務 (obligation) と性向 (inclination) のタイプをモジュレーション (modulation) と区別している。だが、フェアクラフ (2012) は、この区別については言及していない。

7)　これらのモダリティ化を有標化するマーカーがなくとも、モダリティは示されるのである。たとえば、「出産するかしないか、いつ出産するかということは個人の問題である」（『読売新聞』2013年6月9日付「出生数過去最少　結婚・出産も強化したい」）は定言的言明であり、「出産は個人の問題である」という真理性に対して、非常に高い心的態度が示されている。

2-1-1-2　評価

　次に、評価とは、何が望ましいか望ましくないか、そして何が善であるか、何が悪であるかに関する、オーサーの心的態度を示す方法のことである。フェアクラフ (2012) は、Hunston and Thompson (2000)、Lemke (1998)、Martin (2000) などに依拠しながら、明示的および暗示的な方法を含めて、4種類の評価方法を挙げている。

　一つ目の評価的陳述 (evaluative statements) は、望ましさ (desirability) と望ましくなさ (undesirability)、そして善と悪に関する陳述のことである。たとえば、「1.25 は深刻な事態だが」(『毎日新聞』2006 年 6 月 4 日付「1.25 ショック　サバ読み年金設計は出直せ」)の「深刻な」のように、明示的なものから、特定の一つのディスコースとの関係においてのみ評価的陳述となるものまである。また、評価的陳述は、重要性・有用性の観点からも、評価を実践するのであるが、その評価は重要であるものは望ましいものでもあるという前提に基づいている (Lemke 1998)。次に、二つ目の義務モダリティを伴う陳述 (statements with deontic modality) も評価と結びついている (Lemke 1998)。たとえば、「ほうがいい」という義務モダリティは、当該事態が他の事態との対比において、望ましいものであることを表す。「雨が降りそうだから、傘を持っていったほうがいい」という表現は、「傘を持っていかない」事態との対比により、「傘を持っていく」ことが望ましいと評価することになる。三つ目の感情に関わる心理過程動詞を伴う陳述 (statements with affective mental process) は、主観性の点において有標化された評価である (Martin 2000)。「出生率のわずかな上昇だけでは喜べない」(『読売新聞』2013 年 6 月 9 日付「出生数過去最少　結婚・出産支援も強化したい」) は、「出生率のわずかな上昇」に対して、オーサーの否定的評価を明示している。また、評価は、属性が感情に関わる関係過程 (relational process) として現れる場合もある。四つ目に、フェアクラフは価値の前提 (value assumption) を挙げている。価値の前提とは、価値がしばしばテクストにより深く埋め込まれている評価のことである。この価値の前提は、なんらかの語が暗に価値を示す引き金(トリガー)となる場合と、そのような引き金を伴わない場合がある。後者の場

合、「自らの知識やテクストの背後にある価値体系の認識に基づいて、そのように解釈することが可能」(フェアクラフ 2012: 93) だからである。たとえば、前者の場合、'a good training programme can help develop flexibility (良い訓練プログラムは考え方の柔軟性を伸ばすことを助ける)' の 'help (助ける)' が引き金となって、'develop flexibility (考え方の柔軟性を伸ばすこと)' を望ましいものとして評価しているのである (フェアクラフ 2012: 92)。

そして、本稿は、モダリティ、評価だけでなく、社説記事のオーサーのアイデンティティを構築する他の言語的特徴も検証する。

2-2　先行研究

CDA の観点に基づいて、日本の新聞報道や社説記事を質的に検証している先行研究のなかで (斉藤 1998a, 1998b, 大原・サフト 2004, 冨成 2014 など)、同観点から、少子化言説を分析した先行研究は見当たらない。そこで、本稿は、示唆的な観点を提示している社会学的研究として、(1) 出生率低下の原因を検証している上野 (1998) および松田 (2013)、(2) 男女共同参画の実現が出生率上昇を誘引するという言説および統計を批判している赤川 (2004, 2005)、(3)「少子高齢化」言説を検証している内田 (2003) を概説する。

まず、少子化の原因が何であると捉えられているかを見ていく。人口学の観点からすれば、晩婚化と未婚化という要因によって少子化の進展を説明することができると言われている (赤川 2004)。上野 (1998) は、まず、出生率低下を引き起こすと言われている要因 ((1) 初婚年齢上昇、(2) 育児・教育費高騰、(3) 住宅費上昇、(4) 女性の高学歴化、(5) 女性の就労増加、(6) 家族と子どもに対する意識の変化) のなかで、(1)、(2)、(3)、(6) が関係していると述べている。そして、出生率低下の内訳として、婚姻率低下、婚姻内出生率低下、婚姻外出生率低下を挙げ、このうち、婚姻率低下が合計特殊出生率の低下に寄与していると主張している。次に、家族政策には、1) 税制優遇措置、2) 育児給付、3) 出産育児休暇、4) 育児支援サービスなどがあり、それらの効果を判定するのは難しいとしている。最後に、上野は、少子・高

齢化とは、再生産費用をどのように分配するかという問題であるが、少子・高齢化を「問題」とすること自体が問題である、つまり、出生率低下が個々人の自由な選択に基づくものであれば、少子化は「問題」ではないとも主張している。

次に、松田（2013）は、少子化がもたらす問題を解消するためには、少子化を食い止める必要があると主張している。その主張に基づき、未婚化と夫婦の出生数低下を引き起こす要因のうち、女性の社会進出と仕事と子育ての両立の困難、若年層における雇用の悪化、都市化および同棲を重点的に分析している。この結果、松田は、少子化の主要因を「若年層の雇用の劣化により結婚できない者が増えたこと及びマスを占める典型的家族において出産・育児が難しくなっていること」（松田 2013: 225）であると主張し、現在政府が主に支援対象にしているのが、この典型的家族ではなく、正規雇用者同士の共働き夫婦であるために、少子化の解消に至っていないと結論づけている。

赤川（2004）は、上野（1998）同様、子どもが減ることに対する問題視を問題にしており、「『選択の自由』と『負担の分配』に基づいた制度が設計されていれば、それでよい」（赤川 2004: 211）という立場のもと、男女共同参画の有効性を少子化対策として強調する言説と統計をリサーチ・リテラシーの観点から検証している。このなかで、赤川は、(1) 男女共同参画が出生率回復策として有効ではない、(2) 少子化がもたらすデメリットを、少子化を所与のものとして受け入れるべきである、(3) 少子化が生活などに対する期待水準向上効果によって生じるものであり、その水準を上げる少子化対策は逆効果である、(4) 子育て支援は少子化対策ではなく子どもの生存権という観点から正当化されるべきであると主張している。赤川（2004）を受けて、赤川（2005）は、同言説と統計を再度批判し、子育て支援を最適に配分する方法に言及している。まず、赤川は、統計を再検証することにより、女性の労働力率、家族政策に関わる公的支出のあいだは、無相関であること、男性の家事負担の増加が出生率上昇につながるわけではないこと、しばしば支援対象とされる「男女共同参画型」夫婦には子どもが少なく、世帯収入も多いことから、優先的に支援する根拠はないと示している。これらを踏まえて、す

べての子どもに対して等しく子ども手当を支給し、その支出を社会全体で負担すべきであると主張している。

上野 (1998)、松田 (2013)、赤川 (2004) は、いずれも、未婚化・晩婚化を少子化の主要因と捉え、さらに、それに付随する少子化原因や未婚化・晩婚化を誘引する要因を検証している。

次に、内田 (2003) は、社会学の立場から、「少子高齢化」をめぐる論題設定にみられる偏向を指摘し、それがミスリーディングな言説を生み出していることを検証している。まず、内田は、「少子化」という造語が「1.57 ショック」を契機に登場したが、実際には 1970 年半ばに出生率が人口置換水準を割り込んだ趨勢を指示する概念であること、また、「少子化」が「高齢化」と切っても切り離せない関係にあることを指摘している。それにも関わらず、『1992 年度国民生活白書』は、「少子化」→「高齢化」という因果関係を強調するいっぽう、「高齢化」→「少子化」という因果関係は認めず、これまでの高齢化が少子化の原因の一端であるのではないかという観点が見落とされていると内田は述べている[8]。そして、内田は、2002 年 6 月 8 日付の『朝日新聞』の紙面「『子供には時間とお金がかかる』バブル世代　育児敬遠　出生率最低更新」に言及し、この言説がこれまでの高齢化が現役世代に扶養負担をもたらしている点はまったく考慮せず、現役世代の考え方に「少子化」の原因を帰属させており、このような「少子高齢化」言説は情報として不正確であり、各世代に対して不偏性を欠いていると結論づけている。

上野 (1998) や赤川 (2004) における少子化を問題視すること自体に問題があるという観点、そして内田 (2003) の「少子高齢化」言説における論題設定に偏向があるという観点に依拠しながら、本稿は、CDA の立場から、言語学的特徴に焦点をあてて、少子化言説において社説記事のオーサーが選択するスタイルを検証する。

---

[8] 赤川 (2004: 173) においても、戦後ベビーブーム世代は、たくさん産まれてきたにも関わらず少なく生んできたのであるから、出生率低下の責任を戦後ベビーブームの世代に課す必要があるという、同様の主張がなされている。

3　日本における少子化

3-1　合計特殊出生率と出生数

　第 3 節では、日本における少子化現象について概説する。
　まず、3-1 では、日本の合計特殊出生率と出生数の推移を取りあげる。合計特殊出生率とは、「15 歳から 49 歳の女性の、年齢別出生率を合計した指標。一人の女性が平均して一生の間に何人の子供を産むかを表す」(『大辞泉第二版』) 数値のことである。そして、少子化とは、社会学の領域において、この合計特殊「出生率が人口置換水準―日本の場合は二.〇七―を長期間下回り低迷する状態」(松田 2013: 4) のことであると定義されている。昭和 48 (1973) 年の 2.13 以降、日本の合計特殊出生率は、ほぼ一貫して人口置換水準 (2.07) を下回っている。そのため、わが国は、実質的に 40 年近く少子化状態にある。
　しかしながら、1980 年代までは、日本において、少子化が「問題」と認識されることはほぼなく、社説記事において取りあげられることも少なかった[9]。日本全体で少子化が「問題」として意識されるようになった契機は、平成 2 (1990) 年のいわゆる「1.57 ショック」である。この年、厚生省 (当時) は、昭和 64 /平成元 (1989) 年の合計特殊出生率が 1.57 を記録したことを発表した。この数値が統計開始以降最低であった丙午 (ひのえうま) の年 (昭和 41 年) の 1.58 を初めて下回ったことから、平成 2 (1990) 年が「1.57 ショック」と呼ばれるようになり、その後政府は、少子化対策を打ち立てたのである。そして、平成 17 (2005) 年に日本の合計特殊出生率は、統計開始以降最低の 1.26 を記録した (「1.26 ショック」)。さらに、平成 25 (2013) 年 6 月 5 日発表の、平成 24 (2012) 年の合計特殊出生率は 1.41 となり、前年度と比較してわずかに増加したものの、その要因は、子どもを出産する年齢の女性の数が減少しているためであり、出生数自体は 103 万 7101 人と過去最少を記録

---

[9]　日本政府も、戦後は出生率増加よりも出生抑制に積極的であった (上野 1998: 41)。

し続けているのである。

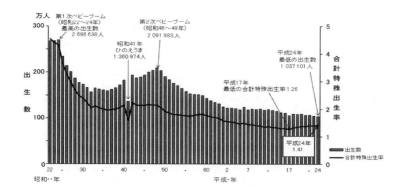

図1 出生数及び合計特殊出生率の年次推移(厚生労働省「人口動態統計」)

表1 昭和55(1980)年～平成25(2013)年の合計特殊出生率

年次	合計特殊出生率	年次	合計特殊出生率
昭和55年	1.75	平成 9年	1.39
昭和56年	1.74	平成10年	1.38
昭和57年	1.77	平成11年	1.34
昭和58年	1.80	平成12年	1.36
昭和59年	1.81	平成13年	1.33
昭和60年	1.76	平成14年	1.32
昭和61年	1.72	平成15年	1.29
昭和62年	1.69	平成16年	1.29
昭和63年	1.66	平成17年	1.26
昭和64／平成1年	1.57	平成18年	1.32
平成 2年	1.54	平成19年	1.34
平成 3年	1.53	平成20年	1.37
平成 4年	1.50	平成21年	1.37
平成 5年	1.46	平成22年	1.39
平成 6年	1.50	平成23年	1.39
平成 7年	1.42	平成24年	1.41
平成 8年	1.43	平成25年	1.43

3-2　少子化「問題」に対する日本政府の対応

　3-2 では、少子化「問題」に対する日本政府などの対策を概観する（松田 2013 など）。

　平成 2(1990) 年の「1.57 ショック」を契機に、日本政府は出生率低下を日本における深刻な「社会問題」として意識し始めたのである。その後、平成 6(1994) 年 12 月、「今後の子育て支援のための施策の基本方針について」（エンゼルプラン）が政府による子育ての総合計画として、「緊急保育対策等 5 か年事業」が保育に関する具体的計画として、策定された。平成 11 (1999) 年 12 月には、「重点的に推進すべき少子化対策の具体的実施計画」（新エンゼルプラン）が策定され、そして、平成 13 (2001) 年 7 月には、仕事と子育ての両立支援などの方針として、保育所の「待機児童ゼロ作戦」が閣議決定された。これまでの政策は、保育サービスが中心であった。

　平成 14 (2002) 年 9 月には、厚生労働省により「少子化対策プラスワン」がまとめられ、保育サービスに加えて、「男性を含めた働き方の見直し」「地域における子育て支援」など、子育て支援への取り組みが繰り広げられた。そして、平成 15 (2003) 年 7 月から段階的に施行された「次世代育成支援対策推進法」は、企業と自治体に対して、従業員の仕事と子育ての両立支援のために行動計画を策定するようにと定めたのである。

　その後、平成 19 (2007) 年 12 月には、「子どもと家族を応援する日本」重点戦略において、ワーク・ライフ・バランス、そして包括的な次世代育成支援を目指した施策が進められた。

　このように、日本の少子化対策は、当初保育サービス中心だったものに、両立支援やワーク・ライフ・バランスの視点が加わっていったのである。しかしながら、政府がさまざまな対策を行ってきたが、日本における少子化傾向は今なお続いている。

4 データ

本稿は、「1.57 ショック」を機縁に、日本において少子化現象が「社会問題」として認識され始めた平成 2(1990)年から、平成 25(2013)年にかけて、『朝日新聞』、『毎日新聞』、『読売新聞』[10]で発表された、合計特殊出生率、出生数などに関する社説記事を分析データとして収集した。そして、この 24 年間のなかで、厚生労働省（旧厚生省）が、毎年 6 月、あるいは 7 月に人口動態統計月報年計（概数）を公表してから 1 か月以内に発表された社説記事を取り扱うことにする。

平成 2(1990)年から平成 25(2013)年にかけて、『朝日新聞』、『毎日新聞』、『読売新聞』が発表した社説記事の日付および社説記事タイトルは、以下のとおりである。

表 2　少子化「問題」に関する社説記事の発行年月日、新聞社、記事タイトル

発行年	日付	新聞社	社説記事タイトル
平成 2 年	6/14	読売	「減る子供」の対策をどうするのか
平成 3 年	6/7	毎日	出生率の低下を乗り切れ
	6/7	読売	「子供が減る国」をどうするか
	6/8	朝日	子育てが楽しい社会に
平成 4 年	6/10	毎日	「産めよ殖やせ」を反面教師に
平成 5 年	6/7	毎日	出生率　結婚しない症候群と少子化
	6/7	読売	働く女性に子育ての支援を
平成 6 年	6/25	読売	赤ちゃんの減る国と増える国
平成 7 年	6/6	毎日	出生率 「母系化」への時代の風か
	6/6	読売	赤ちゃんの増加を持続するには
平成 8 年	7/7	読売	赤ちゃんの数がまた減った
	7/11	毎日	少子化　広がる"結婚しない症候群"
	7/14	朝日	「豊かさ」が子どもを減らす

---

10)　日本の五大新聞（『朝日新聞』、『読売新聞』、『毎日新聞』、『日本経済新聞』、『産経新聞』）のうち、本稿は、売上における上位 3 紙（『朝日新聞』、『読売新聞』、『毎日新聞』）を分析対象とする。『日本経済新聞』は、経済紙であることから、そして、『産経新聞』は、東京および大阪を中心とするブロック紙であることから（藤竹（編）2012）、分析の対象外とする。

発行年	日付	新聞社	社説記事タイトル
平成10年	6/13	毎日	少子化　おじさんも分かってはきた
	6/14	読売	未来に「夢」を託せる社会に
	6/18	朝日	子育てが楽しい社会に　少子化
平成12年	6/30	読売	少子化が迫る若者の意識改革
平成13年	6/26	毎日	保育所増設　育児のコストを惜しむな
平成14年	6/17	朝日	仕事も、子育ても　出生率低下
平成16年	6/11	朝日	年金も社会も揺らぐ　出生率1.29
	6/11	毎日	出生率低下　やはり年金改革は出直しだ
	6/11	読売	出生率1.29　危機意識を持ち改革に取り組め
平成17年	6/3	読売	出生率1.29　低下傾向をどう反転させる
	6/5	朝日	出生率低迷　産みたいと思う社会へ
平成18年	6/2	朝日	出生率1.25[11]　働き方を変えよう
	6/2	読売	出生率1.25　衝撃を真剣に受け止めなければ
	6/4	毎日	1.25ショック　サバ読み年金設計は出直せ
平成19年	6/10	読売	出生率1.32　「確かな回復」にどうつなげるか
平成21年	6/4	毎日	出生率の上昇　政策総動員し定着図れ
	6/4	読売	出生率1.37　確かな回復軌道に乗せるには
平成24年	6/7	読売	人口減本格化　次世代支援にもっと知恵を
平成25年	6/9	読売	出生率過去最少　結婚・出産支援も強化したい
	6/11	毎日	出生率　女性だけの問題でない
	6/19	朝日	出生率微増　生んで安心の社会へ

　本稿は、上記の社説記事のなかで、(1)「1.57ショック」と呼ばれ、少子化「問題」の端緒とされている平成2(1990)年、(2)その翌年である平成3(1991)年、(3)「1.26ショック」と呼ばれている平成18(2006)年、(4)出生数が統計開始以降過去最低を記録した平成25(2013)年、(5)『朝日新聞』、『毎日新聞』、『読売新聞』の3紙が揃って出生率低下に関する記事を発表した平成8(1996)年、平成10(1998)年および平成16(2004)年を対象とする。表2では、本稿が分析対象とする社説記事に網掛けをしている。

---

11)　平成18(2006)年の社説記事の題名は、「出生率1.25」「1.25ショック」となっているが、表1のとおり、合計特殊出生率の確定値は1.26である。これは、これらの社説記事が6月に発表された速報値に基づいて書かれているためである。

5 分析

5-1 ディスコース分析－スタイル－

　厚生労働省(旧厚生省)が発表する人口動態統計をもとに書かれた社説記事は、主に、①出生率、出生数などの推移、②少子化を引き起こす原因、③少子化が及ぼす影響、④少子化を解消するための対策という内容から構成されていることが多い。そして、以下の例が示しているように、「1.57ショック」以降、オーサーは、3紙の社説記事の冒頭において、合計特殊出生率低下を「問題」として評価している。

> (0-a) ひとりの女性が生涯に産む子どもの平均人数、合計特殊出生率も一・三四[12]と、史上最低だった。七一年から七四年にかけての第二次ベビーブームの後ずっとつづいてきた出生率の低下は、九四年に少し持ち直したものの、<u>歯止めはかからなかった</u>。
> (『朝日新聞』1996年7月14日付「『豊かさ』が子どもを減らす」第2段落)

> (0-b) 日本の出生率の推移は、「<u>最悪のシナリオ</u>」をたどりつつあるようだ。
> (『読売新聞』2004年6月11日付「出生率1.29　危機意識を持ち改革に取り組め」第1段落)

> (0-c) 1人の女性が一生に産む子どもの数を示す合計特殊出生率は昨年、過去最低の1.25に<u>落ち込んだ</u>。政府の予測より2年早く人口減少社会に突入した。
> (『毎日新聞』2006年6月4日付「1.25ショック　サバ読み年金設計は出直せ」第1段落)

---

[12] 社説記事を引用する際、本稿は、Web上の記載に準じて、算用数字および漢数字を用いている。紙版のみの時代の記事では、漢数字、そしてインターネット版もある近年の記事では、算用数字が用いられているためである。

(0-a)における「歯止めはかからなかった」は、「ものごとの行きすぎや事態の悪化を抑え止めることができなかった」という意味である。これには、出生率の低下を悪い状態と評価する価値の前提があると言える。そして、(0-b)の社説記事では、オーサーは、形容動詞「最悪の」を用いて、日本の出生率の推移を望ましくないものとして明示的に評価している。また、(0-c)における「落ち込んだ」はメタファー(metaphor)である。元々「落ち込む」は、「落ちて中に入り込む」という意味であるが、物が上から下に移動する具体的な特性が、抽象的なレベル(数値)の意義へと派生している。そして、下向きの移動は、一般的にマイナスのイメージを伴う場合が多いことから、ここでの「落ち込む」は、「悪い状態になる」という意味を暗示している。

そこで、本稿は、上記のように、少子化を「問題」とみなしている社説記事における、「少子化原因ディスコース」、「少子化影響ディスコース」および「少子化対策ディスコース」に焦点をあてて、『朝日新聞』、『毎日新聞』、『読売新聞』における社説記事のオーサーがどのようなスタイルを援用しながら、意見を表明しているかを分析する。

5-1-1 「少子化原因ディスコース」において選択されるスタイル

まず、『朝日新聞』、『毎日新聞』、『読売新聞』のオーサーは、少子化「問題」について論じる際、「少子化原因ディスコース」を利用しているが、少子化を引き起こす原因に関する表象を自らの意見としてあまり生み出していない。そのような文脈のなかで、(1-a)、(1-b)、(1-c)でのように、オーサーは、読者になぜ出生率が低下し、出生数が減少しているかを問いかけることがある。

> (1-a) それなのに、日本やイタリア、スペインでは、減り続けている。出生対策に熱心なドイツもなかなか上昇に転じない。<u>なぜなのか</u>。
> (『朝日新聞』1991年6月8日付「子育てが楽しい社会に」第4段落)

(1-b) では、なぜ日本の女性たちは子どもを産まなくなったのか。白書は、大胆な仮説も交え、その分析に多くを費やした。
（『読売新聞』1998年6月14日付「未来に『夢』を託せる社会に」第7段落）

(1-c) なぜ出生率は下がり続けるのか。非婚や晩婚の風潮、仕事と子育てが両立できない社会的環境、高い教育投資、婚外子を認めようとしない社会制度など……どれも当たっている。その一方で「産む、産まないは個人的信条の領域。国が関与するのは余計なお世話」という主張もある。
（『毎日新聞』2006年6月4日付「1.25ショック　サバ読み年金設計は出直せ」第6段落）

オーサーは、少子化を引き起こす原因を表象する際、(1-c)や以下の事例が示すように、定言的言明（categorical assertions）表現を用いる場合がある。

(1-d) この見通しをそのまま信用する国民は少ないのではないか。少子化の要因となっている非婚、晩婚、晩産化への対応策は不十分だ。育児休業制度など子育てがしやすい環境整備も遅れている。
（『毎日新聞』2004年6月11日付「出生率低下　やはり年金改革は出直しだ」第5段落）

(1-e) 人口を維持するのに必要な出生率は2.07とされ、遠く及ばない。出産期の女性の人口が減っているため、生まれる子どもの数は過去最低となった。
（『朝日新聞』2013年6月19日付「出生率微増　生んで安心の社会へ」第2段落）

先の(1-c)は、非婚や晩婚、高い教育投資といった少子化原因に対して「どれも当たっている」と定言的に言明することにより、明示的にその原因の妥当性を示している。(1-d)の下線部の前提には、「非婚、晩婚、晩産化は少子

化の要因である」という定言的命題の表象が認められる。また、(1-e)においては、オーサーは、少子化の原因である「出産期の女性の人口が減っている」ということを定言的に示している。そして、「出産期の女性の人口が減っている」ことは、理由を表す従属節「〜ため」に埋め込まれていることから、命題の前提（propositional assumptions）として提示されているのである。

　しかしながら、上記のように、少子化を引き起こした原因が一体何であるのかの真理性に対して強い心的態度を示しながら、意見表明を行う、「論説委員スタイル」を用いている場合は少ない。そのスタイルの代わりに、オーサーは、他者の「声」を引用することによって、少子化の原因を自分の意見ではなく他者の意見として言及する。

(1-f) 出生率が低下した原因として、子供を産む年齢の女性が減ったこと、学歴が高くなり晩婚化が進んだこと、女性の職場進出で結婚後も子だくさんを望まなくなったことなどが指摘されている。
（『読売新聞』1990年6月14日付「『減る子供』の対策をどうするか」第4段落）

(1-g) かつて、国連の人口推計の責任者として各国を回り、今は厚生省人口問題研究所長の河野稠果氏が興味深い分析をしている。出生率が今も減り続けている先進国は、平等理念の薄い国、亭主関白の伝統をもっている国だという。イタリアの学者は出生率低下を「男性社会に対する女性の反乱」と名付けている。
（『朝日新聞』1991年6月8日付「子育てが楽しい社会に」第4段落）

(1-h) 厚生省によると、出生数、出生率が落ち込んだ原因は、晩婚・晩産化が進んだためだ。男性の平均初婚年齢は二十八・五歳、女性は二十六・三歳と、二十年間で一歳半ほど遅くなった。母親の年代別の出生数は各年代で減っているが、中でも二十代の出生数が大きく減少した。
（『読売新聞』1996年7月7日付「赤ちゃんの数がまた減った」第3段落）

(1-f) は間接伝達(「ことなどが指摘されている」)、(1-g) は間接伝達(「という」)と直接伝達を示す引用符(「『男性社会に対する女性の反乱』」)、(1-h) は情報や判断の出所を表す連語(「によると」)を用いて、他者の「声」を引用することにより、少子化の原因を定言的に言明することを回避している。とりわけ、(1-g) と (1-h) では、学者や公的機関の「声」((1-g) では厚生省人口問題研究所長の河野稠果氏とイタリアの学者、(1-h) では厚生省) を用いることにより、少子化を引き起こす原因に権威づけをしつつも、自分の意見として述べることはしていないのである。(1-g) や (1-h) とは対照的に、先述の (1-c) は、一般大衆の「声」を組み込んでいる。

> (1-c) なぜ出生率は下がり続けるのか。非婚や晩婚の風潮、仕事と子育てが両立できない社会的環境、高い教育投資、婚外子を認めようとしない社会制度など……どれも当たっている。その一方で<u>「産む、産まないは個人的信条の領域。国が関与するのは余計なお世話」</u>という主張もある。
> (『毎日新聞』2006年6月4日付「1.25ショック　サバ読み年金設計は出直せ」第6段落)

(1-c) では、直接伝達を用いて、年齢的に子どもを産むことが可能な女性、つまり、一般大衆の (であると想定される)「声」として含めることにより、自分の意見として述べることを回避しながらも、個人的信条が出生率低下の一因であるということに真実性を付与していると考えられる。ここでは、少子化が、国家に関わる問題ではなく、個人の問題として言及されるにより、少子化が国家の責任ではないということ暗示することにもなるだろう (この点に関しては、今後ディスコース群の考察の際に詳しく検証したい)。また、(1-i) にも注目したい。

> (1-i) 国の調査では、夫婦が予定する子どもの数は平均2・07で理想の2・42を大きく下回る。最大の理由は<u>「子育てや教育にお金がか</u>

かりすぎるから」で、6割にのぼる。消費増税を財源とする子育て支援を、この意識の改善につなげるべきだ。
(『朝日新聞』2013年6月19日付「出生率微増　生んで安心の社会へ」第10段落)

(1-i)には、夫婦が予定する子どもの数に関する国の調査の一部（調査項目名）が包含されている。直接伝達と同じ引用符を用いて、「『子育てや教育にお金がかかりすぎるから』」を社説記事のなかに間テクスト的に組み込むことにより、一般大衆の選択した理由が真実味を帯びるのである。
　さらに、下に示すように真理性に対する心的態度を示す認識モダリティを用いて、少子化を引き起こす原因について言及する事例もある。しかしながら、その場合、少子化原因の真理性に対して高い心的態度を示すモダリティを用いながら、意見を述べるスタイルをオーサーが取ることは少ない。

(1-j) 日本の若い女性の多くは、「家庭も仕事も」を望んでいる。DEWKSを理想にする女性が増えている。DEWKSは「子をもった共働き夫婦」の頭文字だ。子を望んでいるのに出生率が低下しているのは、立ちふさがる壁があまりにも厚いせいだろう。
(『朝日新聞』1991年6月8日付「子育てが楽しい社会に」第6段落)

(1-j)の前節である第5段落および(1-j)は、避妊技術の向上やDEWKS[13]（「子をもった共働き夫婦」）の増加に言及している。真理性に関する低い心的態度を示す認識モダリティ「だろう」が使われていることから、オーサーは少子化の原因に関して確信的な態度を示していないと言える。
　明確に少子化原因を示さない姿勢は、以下の従属節を用いた例からも見て

---

13)「DEWKS」とは、「doubled employed with kids」の略語で、「子供のいる共働き夫婦。夫婦共に仕事を持ち、生活を楽しむことと育児の喜びを両立できると考え、そのために夫も家事・育児に積極的に参加したり、育児休業・保育所などの制度・施設を上手に利用する」(『大辞泉第二版』)ことを意味している。

とれるだろう。

 (1-k) 子供を産む産まないは、あくまで個人の問題だ。その対策に押しつけがあってはならないのは当然だが、子供を産みにくくしている要因が<u>あるとすれば</u>、それを取り除く努力はすべきだろう。
(『読売新聞』1991年6月7日付「『子供が減る国』をどうするか」第9段落)
 (1-l) 子どもを産むかどうかは個人やカップルが決めることだ。だが、子どもを持ちにくくしている現実が<u>あるならば</u>、育てやすい環境に変えていかなければならない。
(『朝日新聞』1996年7月14日付「『豊かさ』が子どもを減らす」第9段落)

(1-k)では、「子供を産みにくくしている要因がある」という節が、(1-l)では、「子どもを持ちにくくしている現実がある」という節が、仮定性を示し、接続助詞的に使用される連語「…とすれば」と「…ならば」によってそれぞれ導かれている。このことにより、「出生率を下げている要因がある」ことが、不確定のものとして示されている。少子化現象が起こっている時点で、少子化を引き起こす要因は存在しているはずである。それにも関わらず、オーサーは、少子化の要因として挙げられているものの是非を問うのではなく、その要因の存否自体を未だに仮定のものであるかのように表象しているのである。

 上の分析から、(1)オーサー自身の「声」ではなく、他者の「声」として少子化原因を引用していること、(2)少子化原因の真理性に対して高い心的態度を示す場合が少ないこと、(3)少子化原因そのものの存在に対して懐疑性を提示すること、という三つの結論が導き出された。このことから、少子化を引き起こす原因を表象する際に、オーサーは、「論説委員スタイル」というよりもむしろ「報道記者スタイル」を選択している場合が多いと考えられる。このことが何を意味するかについて、5-2で言及する。

5-1-2 「少子化影響ディスコース」において選択されるスタイル

次に、社説記事のオーサーは、「少子化影響ディスコース」を用いて、人口減少、人口の高齢化、年金や社会保険などの崩壊、あるいは受験戦争の緩和などを少子化がもたらす影響として表象している。そのようなディスコースのなかで、オーサーはどのようなスタイルを選択し、少子化の影響に関する意見表明を実践しているだろうか。

(2-a) 日本では、女性が一生に産む子どもの平均数が一・三八八人まで減った。このままだと、いま、三歳の子どもたちがお年寄りと呼ばれるころには、人口の三分の一が六十五歳以上になることが<u>確実だ</u>。
(『朝日新聞』1998 年 6 月 18 日付「子育てが楽しい社会に　少子化」第 2 段落)

(2-b) 少子化の進行は、経済成長を<u>鈍らせる</u>だけでなく、社会保障制度の根幹を<u>揺るがす</u>。少子化の対極では高齢化が進んでおり、現代世代の保険料や税の負担はますます<u>増えざるを得ない</u>。
(『毎日新聞』2006 年 6 月 4 日付「1.25 ショック　サバ読み年金設計は出直せ」第 3 段落)

(2-c) 「産むかどうかは個人の問題。政府は口出しするな」。妊娠や出産の知識を広めようとした「女性手帳」は女性たちからの批判が強く、政府は配布を断念した。たしかに個人の問題ではある。が、急激な少子化は社会保障の基盤を<u>揺るがす</u>だけでなく、経済など多くの分野に<u>影響を及ぼす</u>。
(『毎日新聞』2013 年 6 月 11 日付「出生率　女性だけの問題でない」第 1 段落)

(2-d) 出生率はまだ下がる、との厳しい前提に立ち、それでも揺らぐことのない社会保障制度の構築を<u>急がねばならない</u>。
(『読売新聞』2006 年 6 月 2 日付「出生率 1.25　衝撃を真剣に受け止めなければ」第 7 段落)

(2-a) では、高い真理性を表す認識モダリティ（形容動詞「確実だ」）、(2-b) では、不可避を表す認識モダリティ（「増えざるを得ない」）や定言的言明（「鈍らせる」、「揺るがす」）、(2-c) では、「揺るがす」や「影響を及ぼす」といった、定言的言明を用いることにより、オーサーは少子化がもたらす影響（人口の高齢化、社会保障制度の崩壊（保険料などの負担増）や経済的影響）の真理性に対する高い心的態度を示している。そして、(2-d) の「急がねばならない」では、必要性を表す義務モダリティ「ねばならない」を援用することで、少子化によって脅かされうる「社会保障制度の構築」の必要性に対する高い心的態度が示されている。とりわけ、オーサーは、年金制度や社会保障制度の崩壊には強い危機感を抱いていることが読み取れる。

対照的に、少子化の影響を自分の意見ではなく、他者の意見として示す場合もある。

> (2-e) 人手不足と社会の活力減退、年金や健康保険の社会保障を支える側の減少、いずれ総人口減による国内市場の縮小にぶつかる<u>と、厚生省は見る</u>。このため昨年来、政府は種々の対策に着手し、今秋から来春にかけてスタートさせる。
> （『毎日新聞』1991年6月7日付「出生率の低下を乗り切れ」第1段落）
>
> (2-f) 現実にはそんなことにはならないだろうが、いずれにせよ、急激な高齢化と少子化の進展は、近い将来、日本社会に様々なマイナス要因をもたらすもの<u>と予測されている</u>。事態は極めて深刻だ。
> （『読売新聞』1998年6月14日付「未来に『夢』を託せる社会に」第5段落）

(2-e) と (2-f) では、間接伝達（「と、厚生省は見る」および「と予測されている」）を援用することにより、少子化が今後何をもたらすのかに関する意見を、他者の「声」を通して、伝達している。とくに、(2-e) では、「声」の帰属（厚生省）が明示されている。

さらに、オーサーは、下に示すように、少子化がもたらす影響に関する価値観を表明する際、それが望ましいというよりむしろ望ましくないという価値観を提示する場合が多い。

> (2-g) まず<u>問題になる</u>のは、政府の人口推計を土台に組み立てられた年金改革法だ。先週末、政府与党が野党を押し切って成立させた、あの法律である。
> 　（『朝日新聞』2004年6月11日付「年金も社会も揺らぐ　出生率1.29」第4段落）
> (2-h) 1.25は深刻な事態だが、すぐ効く薬はない。はっきりしているのは、このままだと日本の誇る国民皆年金、皆医療保険制度が<u>崩れかねない</u>ことだ。
> 　（『毎日新聞』2006年6月4日付「1.25ショック　サバ読み年金設計は出直せ」第10段落）

(2-g) は、明示的な評価的陳述「問題になる」を用いて、少子化による年金改革法に対する影響を望ましくないものとして示している。他方、(2-h) における「崩れかねない」の「崩れ（る）」は、メタファーである。元々「崩れ（る）」は、「まとまった形をしていた物が、支える力を失って壊れる」という意味である。この「物が形をなさなくなる」という機能が、抽象的なものごとの意義へと派生している。そして、まとまった形をなしていた状態を元の状態とみなしていることから、ここでの「崩れる」は、「だめになる」という意味を暗示している。連語「かねない」は、基本的には当該事態が発生する蓋然性を表す認識モダリティである。この「かねない」は、望ましくない未来の可能性も意味することから、蓋然性を表すだけでなく、当該事態、すなわち、「日本の国民皆年金、皆医療保険制度が崩れること」が望ましくないものであるという価値の前提を示す機能を果たしていることにもなる。
　そして、以下のように、少子化がもたらす影響を望ましいものとして示されることはほとんどない。

(2-i) 出生率の低下は、将来、年金など高齢者扶養の負担が増し、労働力不足で経済活力が低下するなど、確かにマイナスの側面が多い。しかし、一方では受験戦争が緩和され、住宅などにもゆとりを生じるというプラス面も指摘されている。
（『読売新聞』1990年6月14日付「『減る子供』の対策をどうするか」第11段落）

(2-i)では、受験戦争緩和や住宅にゆとりが生じることを「プラス面」という評価的陳述を用いて、望ましいものとして提示している。ただし、係助詞「も」に注目したい。この「も」が、「ある事柄を挙げ、同様の事柄が他にもある」（『大辞泉第二版』）という意味を表すことから、ここでは少子化の影響にはマイナスの側面がある、すなわち、望ましくないものである、という価値の前提が働いていると言える。さらに、オーサーは、「指摘されている」という間接伝達を表す動詞を使うことによって、少子化によってもたらされるプラスの影響を他者の「声」として引用している。このことから、オーサーが少子化の望ましい影響を重要視していないことがわかる。

　以上の分析から、(1)少子化の影響を他者の「声」として引用する場合もあるが、その影響の真理性・義務性に対して高い心的態度を示す場合も多いこと、(2)少子化の影響に関して、それを望ましくないとする価値観を提示する場合が多いこと、という二つの結論が導き出された。このことから、「少子化影響ディスコース」に関しては、まず、「少子化原因ディスコース」と比較すると、「論説委員スタイル」と「報道記者スタイル」が混在していると言える。さらに、オーサーは、少子化がもたらす影響を主として望ましくないものとして評価しており、この事実は、少子化現象が「問題」であるという前提に基づいていると考えられる。

5-1-3　「少子化対策ディスコース」において選択されるスタイル

　最後に、少子化対策に関する議論は、社説記事の終盤に置かれることが多い。このような「少子対策ディスコース」を用いて、社説記事のオーサーは

どのようなスタイルを表象しているのだろうか。まず、オーサーは、以下の事例のように、少子化対策の義務性、必要性に関する高い心的態度を示す場合が多い。

> (3-a) 日本地図の人口分布にとらわれず、世界地図上に、この列島を置いて先行きを考える発想も<u>不可欠だ</u>。
> 議論白熱の外国人労働者の受け入れ問題とは別に、いま約四万人の外国人留学生を五倍、十倍と増やせないか。若者は減り、空き教室の目立つ時が確実に来るのだから。
> (『毎日新聞』1991年6月7日付「出生率の低下を乗り切れ」第7・8段落)
>
> (3-b) 出生数、出生率が減り続けると、人口の高齢化が加速し、社会や経済への影響も大きい。子供を産むかどうかは、もちろん個人の問題で、政府が干渉すべきことではない。ただ、子供を産みにくくしている原因は取り除き、子供を育てやすい環境にしていく<u>必要がある</u>。
> (『読売新聞』1996年7月7日付「赤ちゃんの数がまた減った」第4段落)
>
> (3-c) 国の調査では、夫婦が予定する子どもの数は平均2.07で、理想の2.42を大きく下回る。最大の理由は「子育てや教育にお金がかかりすぎるから」で、6割にのぼる。消費増税を財源とする子育て支援を、この意識の改善につなげる<u>べきだ</u>。
> (『朝日新聞』2013年6月19日付「出生率微増　生んで安心の社会へ」第10段落)

オーサーは、少子化対策として、(3-a)では、外国人留学生の受け入れ問題、(3-b)と(3-c)では、子育て支援対策に言及している。(3-a)「不可欠だ」、(3-b)「必要である」、そして(3-c)「べきだ」は、それぞれ当該事態の必要性、妥当性を示す義務モダリティであり、外国人労働者や外国人留学生の受

け入れを考えたり、子育てしやすい環境を作ったり、子育て支援を意識改善につなげたりすることの義務性に対するオーサーの高い心的態度が示されている。

　また、以下のように、これまでの少子化対策の善し悪し、また今後の少子化対策の重要性に関する評価が頻繁に実践されている。

> (3-d) 子育ての支援策もいくらか前進した。さきの国会で「育児休業法」が成立、男性も女性も育児のための休暇が取れる制度ができた。また「児童手当」も現行では第二子から支給しているのを第一子から支給し、額も倍増することが決まった。
> （『読売新聞』1991年6月7日付「『子供が減る国』をどうするか」第10段落）

> (3-e) この見通しをそのまま信用する国民は少ないのではないか。少子化の要因となっている非婚、晩婚、晩産化への対応策は不十分だ。育児休業制度など子育てがしやすい環境整備も遅れている。
> （『毎日新聞』2004年6月11日付「出生率低下　やはり年金改革は出直しだ」第5段落）

> (3-f) 少子化対策とは、生き生きと幸せに暮らす親子を増やすことだ。その姿を見ることで、次の世代は、子どもを持つことの素晴らしさを知る。そのために必要な施策を、選択と集中で効果的に組み合わせることが重要だ。
> （『読売新聞』2006年6月2日付「出生率1.25衝撃を真剣に受け止めなければ」第14段落）

> (3-g) それには、「男は、仕事第一、女は、仕事をもっても、まず、家庭」といった、日本の社会でなお根強い考えを変える必要がある。きれいごとの提言にとどめず、経営者は、女性が働きやすく、男女とも育児に取り組むゆとりがもてる社会や職場づくりに努力してほしい。
> （『朝日新聞』1998年6月18日付「子育てが楽しい社会に　少子

化」第 17 段落）

(3-d) と (3-e) では、これまでの少子化対応策について評価を下している。(3-d) では、「制度ができた」や「倍増することが決まった」というように事実を述べる「報道記者スタイル」も織り交ぜながら、「いくらか前進した」により子育て支援策を望ましいものと評価している（ただし、ヘッジ表現「いくらか」という真理性に対する低い心的態度を示す認識モダリティが、評価的陳述に付随していることにも注目すべきである）。他方、(3-e) の「不十分だ」は望ましくないという評価を下している。そして、(3-f) の今後の少子化対策に関わる第 14 段落は、すべて定言的言明である。オーサーはまず少子化対策とはどういうものかということを述べた上で、「重要だ」という明示的に評価を下す語彙項目を用いて、今後の少子化対策の内容の望ましさを陳述している。(3-g) は、義務モダリティ「てほしい」を伴う陳述である。「てほしい」は、一般的・社会的に見て当該事態の実現が望まれるという意味を表す動詞である。つまり、(3-g) は、性別役割分業観を変え、育児がしやすい環境づくりをすることが望ましいものであるという価値を提示している。

　上記のような少子化対策についての明示的評価に加えて、オーサーが、価値の前提に基づき、少子化対策に評価を下す場合もある。

(3-h) 政府・与党は一体となって、6 月中に新たな少子化対策を打ち出す。だが、<u>総花的</u>な施策の羅列にとどまる<u>ようでは</u>、これまでと変わらない。
（『読売新聞』2006 年 6 月 2 日付「出生率 1.25　衝撃を真剣に受け止めなければ」第 12 段落）

(3-i) 現在わが国の人口は 1 億 3000 万人弱だが、このままで出生率が推移すると 2060 年には 8674 万人になる。少子化対策が<u>重要</u>な政策課題であることは<u>間違いない</u>。しかし、政府が前のめりになって、若いうちに子どもを産むよう女性に呼びかける<u>よりも</u>、男性若年

層の雇用政策を充実させたり、保育環境を整えたりすることのほうが効果は上がるだろう。
(『毎日新聞』2013年6月11日付「出生率　女性だけの問題でない」第5段落)

(3-h) において、「ようでは」は、従属節が望ましくない事実的事態であることを表している。そしてそれが価値の前提を示す引き金として機能し、主節が従属節から推測される望ましくない結果であることも暗示している。「ようでは」のこの機能から、オーサーが「これまでと変わらない」事態を望ましくないとみなしていることがわかる。また、(3-i) では、比較を表す格助詞「より」と係助詞「も」の連語である「よりも」が評価の基準を示す引き金となっている。「政府が前のめりになって、若いうちに子どもを産むよう女性に呼びかける」ことが望ましくないいっぽう、「男性若年層の雇用政策を充実させ」ることや「保育環境を整え」ることが望ましいという前提が提示されている。(3-h) と (3-i) には、それぞれ「総花的な」、そして「重要な」と「効果は上がる」という評価的陳述が組み合わさっているばかりでなく、「総花的な」は明示的な否定的価値、「重要な」と「効果は上がる」は明示的な肯定的価値を示している。さらに、(3-i) の「重要な」には真理性に対する高い心理的態度を表す認識モダリティ「間違いない」が付与されている。このように、暗示的に評価を下す場合もあるものの、少子化対策論に関して明示的に評価を下す場合が多い(ただし、「効果は上がる」には、真理性に関する低い心的態度を示す認識モダリティ「だろう」が使われていることから、オーサーは提示された少子化対策に関して完全な肯定的評価を下しているとは言えない)。

　以上から、(1) オーサーが少子化対策の義務性に対する高い心的態度を示す場合が多いこと、(2) オーサーが、明示的手法に加えて、価値の前提に基づいて、少子化対策に対する自らの評価を示すこと、という二つの結論が導き出された。このことから、「少子化対策ディスコース」に関しては、積極的にオーサーの意見を表明する「論説委員スタイル」を見出すことが可能で

ある。

5-2 なぜこのようなスタイルの違いが生じるのか？

前節では、「少子化原因ディスコース」、「少子化影響ディスコース」そして「少子化対策ディスコース」において、社説記事のオーサーが選択するスタイルに違いがあることを明らかにした。本節では、なぜ上記のような違いが生じるのかについて考察する。

まず、「少子化原因ディスコース」は、基本的には事実性に関わる問題である。つまり、オーサーが少子化原因に関する表象の真理性に対してどのような心的態度を持っているかが重要となってくる。そのなかで、「少子化原因ディスコース」で得られた結果は、(1) 少子化原因をオーサーの「声」ではなく、他者の「声」として引用している、(2) 少子化原因の真理性に対して高い心的態度を示すことを避けている、(3) 少子化原因そのものの存在に対して懐疑的である、ということであった。このことから、オーサーは主として「報道記者スタイル」を援用していると言える。

社説記事が基本的に意見を表明する場であることから、社説記事のオーサーが、「少子化原因ディスコース」においても、「論説委員スタイル」を中心的に用いて、厚生労働省（旧厚生省）が白書などで提示する少子化原因に反論する、あるいは少子化を引き起こす要因を新たに自ら考え出すことも可能である。それにも関わらず、本稿で分析対象とした社説記事のオーサーは、「少子化原因ディスコース」では、「報道記者スタイル」を主として援用し、提示された少子化原因には異議を唱えることはなかった。では、その理由は何であろうか。

まず、一つの可能性としては、少子化を引き起こす原因が多様で、複層的であるが故に、短い社説記事のなかでオーサー自身が原因の検証をすることが難しいからではないだろうか。それ故に、少子化原因の存在に対して懐疑的な姿勢を示すスタイルをとっていると考えられる。

次の可能性としては、社説記事のオーサー自身が、少子化原因の研究者ではないために、「報道記者スタイル」を援用しているということである。研

究者や公的機関の「声」を引用したり、少子化原因の真理性に対する高い心的態度を明示することを回避したりするのは、そのためである。さらには、厚生労働省（旧厚労省）が示す少子化原因を自分の意見として示してしまうと、後述する少子化対策が書きづらくなるからとも考えられる。たとえば、社説記事のオーサーが、未婚化と晩婚化を少子化原因と断言すると（実際、人口学者や社会学者はそのように断定しているのであるが）、その原因に対する少子化対策は「男女に結婚をさせる」ということになってしまうからである。

また、ここで注目すべきは、オーサーが「報道記者スタイル」を援用して、言及する少子化原因に差異が存在するということである。たとえば、未婚化あるいは晩婚化、経済の悪化などは、「報道記者スタイル」を通じて言及されているが、赤川（2004）らによって指摘されてきた都市化などには言及されていない。それは、都市化を、少子化を引き起こす原因としてしまえば、有効な少子化対策は、日本の都市化を止め、開発されていない状態に戻すことになってしまうからであろう（この点に関しては、今後ディスコース群の考察の際に詳しく検証したい）。

以上の結果として、オーサーは「報道記者スタイル」を援用しながら、混沌とした「少子化原因ディスコース」において、オーサー自身のアイデンティフィケーションを示していると言える。

次に、「少子化影響ディスコース」で得た分析結果は、(1) 少子化の影響を他者の「声」として引用する場合と、その影響の真理性・義務性に対して高い心的態度を示す場合があること、(2) 少子化の影響を望ましくない、つまり問題とする価値観を提示する場合が多い、ということであった。「少子化影響ディスコース」は、予測に関わる問題である。とりわけ、オーサーは、年金や健康保険といった社会保障と経済成長の点から、少子化がもたらす影響を問題とみなしている。そのため、予測のできる問題であることから、オーサーは自分の意見を表明しやすい。また、さまざまな研究者によってこれらの影響がすでに指摘されていることからも、権威付けするために引用しやすいと考えられる。このような理由から、「論説委員スタイル」と

「報道記者スタイル」という二つのスタイルが混交しているのである。

「少子化対策ディスコース」で得た結果は、(1) オーサーが少子化対策の義務性に対する高い心的態度を示す場合が多いこと、(2) オーサーが、明示的手法に加えて、価値の前提に基づいて、少子化対策に対する自らの評価を示すこと、ということであった。政府がすでに実行している、あるいは提案している政策については、それに「評価」を下し、オーサー自身が考える政策を提案する場合には、義務モダリティや望ましさを表す評価的陳述を用いて、その政策の実行の必要性を提示することになる。このことから、オーサーは「少子化対策ディスコース」において「論説委員スタイル」に依拠しているのである。前節で述べたように、「少子化対策ディスコース」に依拠した議論は社説記事の終盤に置かれることが多い。このことを考慮に入れると、意見表明のジャンル構造上、オーサーは、少子化現象に関する社説記事において、「少子化対策ディスコース」に依拠することを重要視していると言える。それ故に、「少子化対策ディスコース」だけが主として「論説委員スタイル」において教化されるという、他のディスコース群との相違が生まれてくるのではないかと考えられる。

6　まとめと今後の課題

本稿の分析から、今回扱った社説記事において、オーサーは、「少子化原因ディスコース」に関しては、「論説委員スタイル」というよりもむしろ「報道記者スタイル」を選択していた。「少子化影響ディスコース」に関しては、「論説委員スタイル」と「報道記者スタイル」が混在し、そして、「少子化対策ディスコース」に関しては、明確な意見表明をする「論説委員スタイル」が選択されている傾向があった。少子化「問題」を扱った社説記事のオーサーは、スタイルにおいて、各々のディスコース群を教化し、自らの複雑なアイデンティティを構築しているのである。

以上の検討を踏まえて、今後の課題を挙げる。まず、本稿は社説記事の発行年を限定した質的研究であり、この結果の普遍性を検証するためにも、今

回取り扱った年代以外の社説記事におけるスタイル分析を量的に進める必要がある。また、本稿は、社説記事を書く際にオーサーが選択するスタイルが、ディスコース群とも密接に関連し合っていることも明らかにした。次に明らかにすべき点は、社説記事のオーサーが選択する「論説委員スタイル」、あるいは「報道記者スタイル」と密接に関連し合っているディスコース群（「少子化原因ディスコース」、「少子化影響ディスコース」および「少子化対策ディスコース」)自体を詳細に検証することである。すなわち、オーサーが少子化という社会現象をどのような「問題」として位置づけているか、さらに誰の問題として表象しているかという問題をより詳細に検討する必要がある。

参考文献
赤川学（2004）『子どもが減って何が悪いか！』東京：筑摩書房.
赤川学（2005）「人口減少社会における選択の自由と負担の公平―男女共同参画と子育て支援の最適配分をめぐって―」『社会学評論』56(1): 20–37.
ダラコスタ、M.（1986）（伊田久美子・伊藤公雄訳）『家事労働に賃金を―フェミニズムの新たな展望―』東京：インパクト出版会.
フェアクラフ、N.（2012）（日本メディア英語学会メディア英語談話分析研究分科会訳）『ディスコースを分析する―社会研究のためのテクスト分析―』東京：くろしお出版．〔原著：Fairclough, N. (2003) *Analysing Discourse: Textual Analysis for Social Research*, New York: Routledge.〕
藤竹暁（編）(2012)『図説　日本のメディア』東京：NHK出版.
益岡隆志（1991）『モダリティの文法』東京：くろしお出版.
松田茂樹（2013）『少子化論―なぜまだ結婚、出産しやすい国にならないのか―』東京：勁草書房.
松田茂樹・汐見和恵・品田知美・末盛慶（2010）『揺らぐ子育て基盤―少子化社会の現状と困難―』東京：勁草書房.
村田久美子（2007）「批判的談話分析で読み解くメディア言説―捕鯨問題をめぐる日英新聞記事の分析を通して―」『月刊言語』36 (12): 60–7.
内閣府（2013）『平成25年度版少子化社会対策白書』（http://www8.cao.go.jp/shoushi/shoushika/whitepaper/measures/w-2013/25pdfhonpen/25honpen.html）
日本語記述文法研究会（編）(2003)『現代日本語文法4　第8部モダリティ』東京：くろしお出版.
野呂香代子（2001）「クリティカル・ディスコース・アナリシス」野呂佳代子・山下仁

(編)『「正しさ」への問い─批判的社会言語学の試み─』東京:三元社, 13–49.
大原由美子・スコット サフト (2004)「新聞論説にみる9.11 ─国家アイデンティティの表象とイデオロギー─」三宅和子・岡本能里子・佐藤彰(編)『メディアとことば1 [特集]「マス」メディアのディスコース』東京:ひつじ書房, 155–93.
斉藤正美 (1998a)「クリティカル・ディスコース・アナリシス:ニュースの知/権力を読み解く方法論─新聞の『ウーマン・リブ運動』(一九七〇)を事例として─」『マス・コミュニケーション研究』52: 88–103.
斉藤正美 (1998b)「新聞の『国際家族年』ディスコースとジェンダー」村松泰子, ヒラリア・ゴスマン(編)『メディアが作るジェンダー─日独の男女家族像を読みとく─』東京:新曜社, 163–89.
澤田治美 (2006)『モダリティ』東京:開拓社.
高梨信乃 (2010)『評価のモダリティ─現代日本語における記述的研究─』東京:くろしお出版.
冨成絢子 (2014)「震災と原発事故の新聞記事における子供の描写とジェンダーの関係」『大みか英語英文学研究』18: 51–69.
内田健 (2003)「『少子高齢化』言説で語られていないこと」『社会文化』3: 51–64.
上野千鶴子 (1998)「特集I:第2回厚生政策セミナー『少子化時代を考える』出生率低下:誰の問題か?」『人口問題研究』54 (1):41–62.

Chiapello, E. and Fairclough, N. (2002) 'Understanding the new management ideology: a transdisciplinary contribution from critical discourse analysis and new sociology of capitalism', *Discourse & Society* 13 (2): 185–208.
Chouliaraki, L. and Fairclough, N. (1999) *Discourse in Late Modernity*, Edinburgh: Edinburgh University Press.
Fairclough, N. (1992) *Discourse and Social Change*, Cambridge: Polity Press.
Fairlcough, N. (2000) *New Labour, New Language?*, London: Routledge.
Fairclough, N. (2010) *Critical Discourse Analysis: The Crtitical Study of Language*, 2nd edition, Harlow: Longman.
Fairclough, N. (2015) *Language and Power*, 3rd edition, London: Longman.
Fairclough, N., Jessop, R. and Sayer, A. (2002) 'Critical realism and semiosis', *Journal of Critical Realism* 5 (1): 2–10.
Fairclough, N., Mulderrig, J., and Wodak, R. (2011) 'Critical discourse analysis', in van Dijk (ed.) *Discourse Studies: A Multidisciplinary Introduction*, 2nd edition, London: Sage, pages, 357–78.
Fowler, R. (1991) *Language in the News: Discourse and Ideology in the Press*, London: Routledge.
Halliday, M. A. K. (1994) *An Introduction to Functional Grammar*, 2nd edition, London:

Edward Arnold.

Hodge, B. and Kress, G.（1988）*Social Semiotics*, Cambridge: Polity Press.

Hunston, S. and Thompson, G.（eds.）（2000）*Evaluation in Text*, Oxford: Oxford University Press.

Ivanič, R.（1998）*Writing and Identity: The Discoursal Construction of Identity in Academic Writing*, Amsterdam: John Benjamins.

Langacker, R. W.（1991）*Foundations of Cognitive Grammar, Vol.II: Descriptive Application*, Stanford: Stanford University Press.

Lemke, J.（1998）'Resources for attitudinal meaning: Evaluative orientations in text semantics,' *Functions of Language* 5（1）: 33–56.

Martin, J.（2000）'Beyond exchange: APPRAISAL system in English,' in S. Hunston and G. Thompson（eds.）*Evaluation in Text*, Oxford: Oxford University Press, 142–75.

Palmer, F. R.（2001）*Mood and Modality*, 2nd edition, Cambridge: Cambridge University Press.

Van Dijk, T.（1998）'Opinions and ideologies in the press,' in A. Bell and P. Garrett（eds.）*Approaches to Media Discourse*, UK: Blackwell, 21–63.

Verschueren, J.（1999）*Understanding Pragmatics*, London: Arnorld.

参考資料

北原保雄（編）（2011）『明鏡国語辞典　第二版』東京：大修館書店.

松村明（監）（2012）『大辞泉　第二版』東京：小学館.

中村明（2010）『日本語　語感の辞典』東京：岩波書店.

瀬戸賢一（編）（2007）『多義ネットワーク辞典』東京：小学館.

【キーワード】CDA の分析テクニック、英文解釈、行為的意味、表象的意味、アイデンティフィケーション的意味

1　はじめに

　本稿の目的は二つある。第一は、フェアクラフの理論を高校で使用されている英語の教科書に適用し、そのディスコースを分析・記述することである。この記述を通して、読者のフェアクラフの理論への理解が深まることを期待している。もう一つは、フェアクラフ理論によって、教科書を深く分析し、その深い意味を理解し、ことばやディスコースそのものの深さを実感してもらうことである。

　本稿では、ある特定のテーマに基づいて議論をするという論文に一般的に用いられている手法は採らず、前段で説明した趣旨に沿って、テクストを初めから終わりまで、文の流れにそって、文単位で、フェアクラフ (2012) 理論を用いて分析・記述する。この手法のほうが、授業における実践に近いと考えられ、さらにそのほうが現場の英語教育にいっそう資すると考えているからである。このようなアプローチの先行研究は少ないが、おそらくもっとも有名なものはバルト (1973) の『S／Z』であろう。バルト (1973) は、五

---

1)　本稿は、2013 年 8 月 22 日、人間環境大学の「教員免許更新講座」において、「"技術"ではなく、"魔術"としての英語教育——言語はあまりにも豊かであり、たんなる語学学習ではもったいない」と題して行った講座、および 2014 年 8 月 30 日、金城学院大学栄サテライトにおける「日本メディア英語学会夏季セミナー」において「社会と言語の一体化」と題して行った講義・ワークショップで配布した資料の一部を基にしている。

つのコードを用いて小説『サラジーヌ』を分析しているが、疑問がないわけではない。スコールズ（1992: 230）は、「この方法は、恣意的で、個人的で、特異にすぎるきらいがある。」と述べている。ハリデー（2001）に付録として掲載されている「『銀器』テクスト　分析と解釈」も、文章の流れに沿って分析しているという点では本稿に近いが、同分析は、テクスト分析であり、**批判的 (critical)**[2]でもないし、フェアクラフが考えているディスコース分析でもない。結局、中高の英語教科書を分析対象にし、文の流れにそって批判的ディスコース分析を行っている論文は知る限りほとんど見当たらない。

　今回、分析対象としているテクスト（霜崎ほか 2008: 17–22）は、ある学校の授業風景に関するものである。オーストラリア出身の John Kelly という教師が、オーストラリア先住民の絵画について説明し、彼らが受けた過去の厳しい歴史に触れ、それが、現在乗り越えられつつあるという内容である。なお、本稿では、John Kelly が（虚構としてではなく）実際に授業を行い、その声が直接話法で記述され、教科書として編集されているという想定のもとで分析を行う。それほど、このテクストの完成度は高いと考えられるからである。

　分析対象は、全部で 13 段落から構成され、第 1 段は、それ以降の文章の内容説明で、第 2 段から第 6 段までが第 1 部、第 7、8 段が第 2 部、第 9 段から 13 段までが第 3 部である。なお、重要な術語については、太字で示した。また、本稿の分析対象の訳文は、筆者のものである。

2　ジャンル

　フェアクラフ理論において、**ジャンル**（本書収録論文の「ミステリー小説をフェアクラフ理論によってメタ分析する」参照）は行為の仕方と関わり、

---

[2]　「批判的」についてフェアクロー (2008: 5) ("Fairclough「フェアクラフ」" は「フェアクロー」と表記される場合がある) は、「言語、パワーおよびイデオロギー間の関連のような、人々から隠されている関連を明るみに出すことを目的とするという特別な意味において用いられている。」と述べている。

その発話は行為的意味として理解される。本稿の分析対象は、高校生対象の英語の教科書であるから、そのジャンルは「教科書ジャンル」といえる。つまり、テクストの編集者は、英語の教科書としてテクストを編集し、そのテクストは英語の授業で用いられる。

このテクストの第1段では、その後の本文とは異なった字体とサイズが用いられ、同テクストが何について述べているかについての説明がなされている。これを「テクスト説明ジャンル」と呼ぶことにする。このジャンルでは、編集者が、教科書を使用している高校生に語りかけているのである。いっぽう、第2段から最後の13段までが、同テクストの本体で、ここでは教師であるJohn Kellyが生徒に向かって授業をしている「声」がそのまま記述されている。そこで、第2段から最後までを、「授業ジャンル」と呼ぶことにする。このように、このテクストには、複数のジャンルによって構成されている「ジャンルの混合」（フェアクラフ 2012: 311）がみられる。

さらに、この教科書を使用する生徒は、第1段から13段までは、教科書ジャンルとして読むことが期待されているが、第2段から13段までは、John Kellyの生徒として先生の話を聴くという立場に立たされている。つまり、英語の授業を受けている生徒にとっては、物質的には同じテクストを、同時に二つのテクストとして読むことが期待されていることになる。このように、このテクストには、テクストの多重化がみられる。

3　段落ごとの分析

3-1　第1段落

第1段落は3文からなり、"Some ancient art by 'primitive' people looks very modern.（「未開の」人びとによる古い芸術のなかには、とても現代的にみえるものがある。）"という文から始まる。まず"primitive"という単語が、**注意の引用符（scare-quote）**で言及されていることに注目したい。フェアクロー（2008: 108）は、scare quotesについて「読者にこのような表現が何

らかの意味で問題をはらんでいることを警告することである」と述べている。つまり、話者がそのことばの使用に抵抗感や留保があることを示していると考えられる。したがって、この引用符は、このことばに対する話者自身の心的態度を示し、**アイデンティフィケーション的意味**(本書収録論文の「ミステリー小説をフェアクラフ理論によってメタ分析する」参照)を表していると考えることができる。

　第1文の"looks"は、**モダリティ表現**である。フェアクラフ (2012: 318) は、「節あるいは文のモダリティは、オーサーと表象のあいだに形成される関係で、真理性や必要性の点でオーサーが示す心的態度である。」と述べている。さらに、フェアクラフ (2012: 246) は、「モダリティ」を広い意味で用い、動詞の'seem'や'appear'もモダリティ表現と考えているので、"look"も同種のモダリティ表現であると考えられる。"primitive"・"ancient"と"modern"について、話者が、「『未開の』人びとによる古い芸術は、とても現代的である」と言い切る自信(「真理性」に対する自信)が弱められているのである。

　第1文は、"primitive"なオーストラリア先住民の"ancient"な芸術が、"modern"のようにみえるという考えが述べられている。次の文の"How can that be?(そんなことがどうしてありえるのか。)"と併せて考えると、第1文が問題を孕んでいることがわかる。第1文は、＜"primitive"・"ancient"と"modern"は、本来、異なっている(差異がある)＞という**命題の前提**に依拠していると考えられる。私たちは、さまざまな前提を自然で、当たり前のものとして、さまざまな発話を行っているのである。なお、フェアクラフ (2012: 65) は、「前提 (assumption)」について「テクストは必然的に前提をおく。あるテクストのなかで『言われている』ことは、『言われていない』が当然とされていることを背景にして、『言われている』のである。」と述べている。そして、フェアクラフ (2012: 92) は、前提の主要なタイプとして「存在の前提 (existential assumptions)」「命題の前提 (propositional assumptions)」「価値の前提 (value assumptions)」の三つを考えている。

　ところが、"primitive"・"ancient"なオーストラリア先住民の芸術と"modern"

の関係に関しては、上記のような命題の前提はあたらず、**等価**（のようにみえる）であるという。つまり、一般的な考え方の差異を否定し、等価（性）としたのである。この等価と差異に関して、フェアクラフ（2012）は、ラクラウ・ムフ（2012）に依拠している。フェアクラフ（2012: 158–9）によれば、政治的プロセスには「等価性」と「差異」という二つの論理が働いているという。この二つの論理についてフェアクラフ（2012: 159）は、「差異と区別を作りだす『差異』の論理と、現存する差異と区別を覆す『等価性』の論理である」と述べ、これらを「分類の社会的プロセスの一般的な特徴」と考えている。

　このある意味で"非常識な"第1文が生み出されるまでには、数段階のステップが必要であったはずである。第一に、"primitive"・"ancient"に対して"modern"という単語を選択したこと、つまり、＜"primitive"・"ancient"／"modern"＞という**二項対照関係**が設定されたのである。フェアクラフ（2012: 190）が述べているように、「さまざまな対照的あるいは対立的な関係構造や表現を通して」差異の関係のテクスト化が行われるのである。第二にそれを1文のなかで**節合**（本書収録論文の「ミステリー小説をフェアクラフ理論によってメタ分析する」参照）し、第三にその節合によって、差異を否定し、等価性に変換したのである。常識的な考え方の否定は、このようなステップを踏んで行われたのであろう。

　なお、上記のステップを踏むときに、価値のレベルにおいて、"modern"のほうが"primitive"・"ancient"より上位であるという**価値の前提**があったと考えられる。別な言い方をすれば、"modern"があくまでも基準で、その基準によって"primitive"・"ancient"を定義し直したのである。このように、価値の等価化も同時に行われたのである。この価値の前提については、さらに詳しく後述する。

　通常、差異があると考えられているものを、等価であるということは、問題設定であり、この最初の文がその問題設定を暗示しているのである。そのため、次の文は"How can that be?"と、前文の問題設定を、ことばにして明確化したのである。これらの2文によって、このテクストのテーマが示さ

れたこと（テーマ設定）になる。つまり、第1文の問題提起を解決するのが、このテクストに要請されることになる。その結果、「**問題−解決**」関係という文と文を超えた高次レベルの構造も設定されることになる。

　第3文において、オーストラリア出身の補助語学教員によるオーストラリア先住民の芸術についてのプレゼンテーションが行われることが述べられている。つまり、これから生徒が読んでいく内容は、授業風景であることが示されているのである。これは、ジャンルの明示である。授業であるから、すでに述べたように「授業ジャンル」と呼ぶことができる。しかし、興味深いのは、高校生が授業で読む同テクストは、教科書である。つまり、教科書ジャンルのなかに、「授業ジャンル」が混ざっている**ジャンルの混合**がみられるのである。ただし、混合といっても、基本は教科書ジャンルであり、そのなかに授業ジャンルが包摂されていると考えるべきであろう。

　授業におけるディスコース研究において、Sinclair and Coulthard（1975）の研究は有名で、とくに授業の最初と最後によく使われる言い回しについての研究は参考になる。

　Sinclair and Coulthard（1975: 22）は、下記の授業開始時の例を挙げている。

　　Well,　（さて）
　　today, erm, I thought we'd do three quizzes. (Text D)（今日は、えー、三つのクイズをしようと考えています。）

　Sinclair and Coulthard（1975: 22）は、授業の開始などを境界づける2種の「境界要素（boundary elements）」を考えている。境界要素というのは、初めや終わりという境界をマークするものである。一つは、彼らがフレーム（frame）と名づけた "well" とか "now" などの授業の開始などを境界づけることばで、これによって授業を開始するという。そして次にその授業で行われることについて説明を行うというのである。"I thought we'd do three quizzes." がこれに相当する。これは、授業内容についてのメタ陳述の機能

を果たし、彼らは、フォーカス（focus）と呼んでいる。第3文は、教師による授業の開始時の発話ではないが、教科書の冒頭において、内容全体のメタ陳述を行っているので、一種のフォーカスと考えることができる。

以上のことから、この第1段では、問題設定が行われ、次にフォーカスによって教科書の「はじまり」が告げられたのである。なお、以下に続く授業ジャンルとの差異を示す（マークする）ためか、この第1段落では、他とは異なった字体とポイントが用いられている。

3-2　第2段落

第1部は、第2段落から始まる。すべてが、教師のJohn Kellyの発話であるという設定なので、この第2段以降は、すべてが直接引用ということになる。

教師のJohn Kellyは、"Today I would like to show you some Aboriginal art.（今日は、皆さんに先住民の芸術を示そうと思っています。）"という発話によって、授業を開始する。この**表象的意味**（本書収録論文の「ミステリー小説をフェアクラフ理論によってメタ分析する」参照）は、＜Today I show you some Aboriginal art.＞というものであろう。おそらく、一般の英語の授業では、この表象的意味の理解で終わり、それ以上の考察までは踏み込まないであろう。ここでは、さらに深くこの文の意味を考えてみよう。

この第1文は、第1段落で言及した発話と同様の、プレゼンテーションの内容についてのメタ陳述なので、フォーカスと考えることができる。このように考えると、"Today I would like to show you some Aboriginal art." を表象的意味ばかりでなく、授業の進行、つまり授業ジャンルと深く関わっている行為的意味として考える道が開けると思われる。つまり、＜今から授業を始めます＞という境界を示す**行為的意味**（本書収録論文の「ミステリー小説をフェアクラフ理論によってメタ分析する」参照）として解釈できるのである。教師は、授業を開始するにあたり、休み時間の延長であるざわついているその場を「授業」という場に設定しなければならないので、休み時間と授業を境界（マーク）づけることが必要なのである。

この第1文は、主語が"I"で、目的語が"you（生徒）"になっていて、教師と生徒という関係が意識化されている。さらに、フォーカスという教師がよく使用する言い回しを用いていることから、John Kellyは、自分自身が教師であることを、おそらくは無意識的に演じ、生徒は、よく使用される言い回しを聞いて、John Kellyが"正真正銘"の教師であることを受け入れているに違いない。つまり、この第1文の、アイデンティフィケーション的意味は、＜私は、教師です＞と解釈できるのである。今までの議論から、これら3種の意味（表象的意味、行為的意味、アイデンティフィケーション的意味）が、同時に相互に関係しあっていることが、わかるであろう。フェアクラフ（2012: 36）はこのような意味の3種の関係について、「それらのあいだの関係は、ずっと微妙で複雑なもの、つまり弁証法的関係である。」と、三つの意味が独立しているのではなく、相互に関係しあっていると考えている。

　第2文の"The words 'Aborigine' and 'Aboriginal' refer to the native people of Australia. ('Aborigine'と'Aboriginal'ということばは、オーストラリアの先住民を指しています。)"は、オーストラリアについての知識が少ない人を**存在の前提**とした発話である。つまり、生徒および教科書を使用している生徒への、John Kellyの配慮が示された発話である。なお、フェアクラフの言う存在の前提は、テクスト内の表象と関係のある存在を念頭においたもので、このようなある特別な読者像の存在を想定したものではないようである。しかし、このような存在の前提もテクストの解読には大事なことである。

　"Aborigine"と"Aboriginal"にもscare-quote（注意の引用符）が付けられているが、これらの注意の引用符は、第1段の"primitive"のそれとは意味が異なっている。この場合は、たんに、ことばとしての"Aborigine"と"Aboriginal"を指示するために用いられていると考えられる。

　第3文の"most Aboriginal people today live in the same way as other Australians（今日、たいていの先住民は他のオーストラリア人と同じように生活しています）"の"other Australians（他のオーストラリア人）"という言い方から、＜Aboriginal peopleもother Australiansと同じAustraliansである＞

という命題の前提が明らかである。しかし、"other Australians"という語彙が用いられたことは、＜Aboriginal people は other Australians とは別（差異がある）である＞という命題の前提があることもまた事実である。だからこそ、異なった語彙によって、差異化されているのである。このことから、この第3文では、＜Aboriginal people ⊂ Australians＞という包含関係および＜Aboriginal people／other Australians＞という二項対照構造が示されているといえよう。

しかし、その先住民は、他のオーストラリア人と、"today live in the same way"、つまり今日、同じように生活しているというのである。あえて、"today live in the same way"と述べたということは、＜過去においては、異なった生活をしていた＞という命題が前提としてあることをうかがい知ることができる。つまり、生活の仕方に関して、過去において、先住民と他のオーストラリア人のあいだには差異があったが、今日は同じであるというのである。

結局、この第3文の命題の前提は、複雑で、一見すると、矛盾に満ち、混乱しているようにみえる。これら命題の前提の"矛盾・混乱"そのものが、＜Aboriginal people と other Australians のあいだには複雑な関係が存在している＞という意味をも生み出していると考えられる。

第4文の"This is where...（ここが〜の場所である）"における"This"は、直示（deixis）で、John Kelly が地図かなにかを実際に示しながら生徒に向かって話している場面が臨場感をもって記述されている。John Kelly は、この"This"に、＜この場所を見なさい＞という行為的意味をこめているであろうし、教科書として読んでいる高校生にとっては、この一文は、John Kelly が教師として地図を前にして生徒に説明している姿を表象していると考えられる。

同じく第4文の"they have created highly artistic paintings for thousands of years.（先住民の人びとが何千年ものあいだ、芸術性が高い絵画を創造してきました。）"における"highly artistic paintings"によって、＜オーストラリア先住民の絵画は芸術性が高い＞という命題が、前提化されているのであ

る。本来、この命題は、次の数段にわたって示す"証拠"の提示の後に命題化されるべきものである。

第5文の "Let's take a look at some of the examples.（いくつか例を見てみましょう。）" の表象的意味は、＜絵を見る＞だが、John Kelly の生徒に対するその行為的意味は、"Let's" からわかるように、＜John Kelly が、生徒に絵を見るようにさそう＞であろう。先の "This" と併せて、この段落では、John Kelly の教師としての行為的意味が強く示されている。そのため、＜私は教師で、あなた方は生徒です＞というアイデンティフィケーション的意味も伝えていると考えられる。いっぽう、教科書として読んでいる生徒にとっては、この一文は、John Kelly が教師として、地図を前に生徒に説明している姿を表象していると考えられる。ジャンルの混合によって、意味が多重化しているのである。

3-3　第3段落

この段落は、"Painting 1" で始まる。数字が使用されているのが特徴である。この数字の表象的意味としては、＜一番目＞という意味であり、次に「2」、「3」と続くことが含意されている。メイナード（2005: 321）は、これらの数字・番号をディスコース管理の操作として捉え、「全体構成をマークするもの」として捉えている。行為的意味としては、John Kelly が＜順序よくプレゼンテーションを行っている＞という意味があると考えられる。

次に、"Painting 1 is a 'dot painting.'（絵画1は「点描画」です。）" において、「点描画」が scare-quote（注意の引用符）付きで言及されている。なぜなのかは明確にはわからないが、＜研究者の誰かがそのように言っている＞のか、その絵の特徴から＜一般にそのように言われている＞のか、さらには、一つの用語として強調する意味も考えられる。

第2文は、"It is believed that dot paintings are a kind of map.（点描絵画は、一種の地図であると信じられています。）" で、この絵に対する教師の心的態度がモダリティ表現によって示されている。教師の John Kelly は、"It is believed" と "a kind of map" という表現形式を用いることによって、自身

の表現に強い真理性を抱いていないことを示しているのである。ちなみに、フェアクラフ (2012: 246) はモダリティ表現を広く考え、"kind of 〜" のようなヘッジ (**hedge**) 表現もこれに含めている。なお、『現代英文法辞典』(荒木・安井 1992: 661) によれば、「垣根ことば (hedge word)」とは、「何らかの観点から記述の断定性に制限を加え、記述内容の事実性を弱める働きをする語句のこと」であると定義されている。

上記のモダリティ表現から、そのアイデンティフィケーション的意味は、＜私はそれほど自信があるわけではありません＞というものである。確かに、オーストラリアの先住民の人びとは、"drew figures on the ground (地面に図を描いた)" のであるから、私たちが一般的に考えている "絵画" ではないし、"地図" でもないことから、モダリティ表現を用いたと考えられる。

3-4　第4段落

この段落は、第3段の形式を引き継いで、"Painting 2 is a 'bark painting.'(絵画2は、「樹皮絵画」です。)" という文から始まる。ここでも、表象的意味ばかりでなく、＜順序よくプレゼンテーションを行っている＞というような行為的意味を、生徒が受け取っているに違いない。

第3文の "Here we see ... (ほらここに、〜があるでしょう。)" の "Here" は、先に示した "This" と同じ直示で、John Kelly が絵画のある限定された箇所を指しながら発話している姿を描写している。このことばの意味は、たんなる表象的意味の＜ここ＞だけではなく、＜ほら＞といった、生徒の注意を向けさせる行為的意味も発信していると考えられる。

全テクストのなかの、この第3文ではじめて "we" が用いられている。これは、**包括の "we"** である。フェアクロー (2008: 157–8) によれば、"we" には「包括的 "we" ('inclusive' *we*)」、「排他的 "we" ('exclusive' *we*)」、「合成の "we" (composited *we*)」がある。包括的 "we" とは、「筆者だけでなく読者も包括する we」であるが、排他的 "we" は、それに対立し、「筆者 (または話者) に一人かそれ以上の人々を加えるが、受信人は含まれない用法」である。合成の "we" は、「新聞が政府や国家と同一であることを示すために新

聞が用いる」"we" で、英国の新聞であったなら「全ての英国人、と等価値であるとして（weを）扱うことである。」としている。この第3文の"we"はJohn Kellyおよび生徒が含まれていると考えられるので包括の"we"であると考えられる。つまり、John Kelly は、"we" という人称代名詞を通して、「教師－生徒」関係（「**we- 共同体（'we-community'）**」）という「社会」を構築しようとしている、といえる。フェアクラフ（2012: 224）は、「一人称複数の代名詞 'we' は、＜アイデンティフィケーション＞的意味、すなわち、テクストがどのように集団や共同体を表象し構築しているか、という観点からみて重要である。」と述べている。このような考え方から、"we" には、＜私も生徒も同じ共同体の一員である＞というアイデンティフィケーション的意味があると考えられるし、さらにそのような共同体が構築されているなら、＜同じ共同体の構成員として、私の考えに同調しましょう＞という同調を求める行為的意味も示されていると考えることができよう。

　なお、授業開始からしばらく時が経過し、教師と生徒のあいだの関係が築かれていることが伺える。そのような状況を前提に、John Kelly は、"we" を使用したのかもしれない。

3-5　第5段落

　"Painting 3" の紹介の仕方も前の二つの例と同様の形式を踏襲しているが、もっとも特徴的なのは、"X-ray painting（X線絵画）" という表象である。＜科学的＞で＜現代的＞という表象的意味が伝わってくる。本来、"primitive" な人びとの絵画と現代科学を連想させる "X-ray painting" は、一つの文のなかでは隣接しづらいと考えられる。しかし、現代科学の用語が、"primitive" な人びとの絵画と節合されたことによって、差異性が等価化されたことになる。これによって第1段、第1文の "Some ancient art by 'primitive' people looks very modern." の「正しさ」が、具体例によって暗示的に説明されたことになる。

　また、この段落では "You can see ...（みんなにも～が見える）"、"you can tell ...（みんなにも～の区別がつく）" と、2回 "you" が用いられている。

"**you**"の使用は、John Kelly が、第2段で生徒に対して発した最初の文に次いで二度目である。フェアクロー（2008: 158）が「you という表現によって個人単位でオーディエンスの成員に直接的に語りかける」と述べているように、オーディエンス（聴衆、ここでは生徒）に「語りかける」という行為をしているのである。イエスペルセン（1963: 188）は、「……話しかけられた人に対してかなりはっきり訴える力を持つ you の場合には、感情的色彩が特に強い」と述べている。これらのことから、John Kelly の生徒への強い＜語りかけ＞という側面があると考えられる。さらに言えば、この語りかけによって、生徒は自分たちが生徒であることを意識化し、John Kelly の説明への同調を求められていると考えることもできる。

3-6　第6段落

第1部の最終段落である第6段は、"It is surprising that these painting techniques have been used by Australian Aborigines for thousands of years.（これらの絵画技術が、何千年ものあいだオーストラリア先住民によって用いられてきたことは、驚くべきことです。）"という文で始まる。ここで注意すべきは、その冒頭部分が "It is surprising" で始まっていることである。"surprising" は、**叙実的**形容詞で、それに続く that 節が真であることが前提となっている。

この「叙実的」という術語には説明が必要であろう。『現代英文法辞典』（荒木・安井 1992: 516）によれば、「叙実的述語（factive predicate）」とは、「補文（SENTENTIAL COMPLEMENT）によって表される命題（PROPOSITION）が真であることを、話し手が前提としていることを表す」としている。フェアクラフ（2012: 92）は、命題の前提は、「理解した（realized）」「忘れていた（forgot）」「思い出した（remembered）」などの叙実的動詞（factive verb）によってマークされていると述べている。「叙実的」に関するこのような説明から考えて、絵画1、2、3に用いられている絵画技術は、長いあいだ使用されてきたことは真であると、話し手の John Kelly が前提にしているといえる。

さらに、次の第2文の "There are many other painting techniques created by Aboriginal painters（ほかにも、オーストラリア先住民の画家によって創造されたたくさんの絵画技術があります。）" においても、"There are" によって、その内容を一般化・客観化し、既成事実化・存在化している。物語論の研究者であるLabov (1972: 365) は、一つの物語の「終結」部には「一般的な意見・情報 (general observations)」が含まれることがあると述べている。第1部は物語ではないが、一つの議論や説明を終わるときに、一般的な命題等が登場することは不思議ではないと思われる。

このように一つの「結論」が導き出されたが、次に "Why have they continued this tradition of painting for such a long time?（彼らはなぜそんなにも長いあいだこの絵画の伝統を継続してきたのでしょうか。）" という新たな疑問 (問題設定) が提出されている。これに対して新たな説明が必要になり、議論はさらに展開していくのである。

3-7　第7段落

第2部は、この第7段落から始まる。この段落は、全段落のなかでもっとも語彙数が多い段落である。その冒頭の文は、"The answer lies in the fact that the paintings tell stories about where the Aborigines came from, who they are, and how they live.（その答えは、それらの絵画はオーストラリア先住民がどこから来て、何者であるか、いかに生きているかということについて物語っているという事実のなかに見出すことができます。）" で、前段落の最終文の疑問(問題設定)を受けている。ここでも、問題－解決のパターンが繰り返されている。

第1文では、"paintings" と "stories" が節合され、絵画があるメッセージを伝えていることを "fact" と呼び、そのことを事実化している。この節合作業が、次の「ドリームタイム」の紹介への準備作業であることは、後に明らかになる。

第2文は、第1文をさらに詳しく、具体的に次のように述べている。"They tell their people's history, traditions, laws, and wisdom in the form of what they call 'Dreamtime.'（それらは、人びとの歴史、伝統、法律、知恵を、彼らが「ドリームタイム」と呼んでいる形式のなかで伝えています。）"このように第2文では、ドリームタイムの物語を通して多くのことが伝承されてきたことが述べられている。

　第5文は、"Their respect for nature, which is the basis of their Dreamtime stories, reminds us of the wisdom that we tend to forget today.（自然に対する尊敬の念は、ドリームタイムの物語の根底にあり、今日の私たちが忘れる傾向にあるその知恵を、思い出させてくれます。）"と、オーストラリア先住民は自然への尊敬の念を抱いていて、それがドリームタイムの根底にあると指摘している。さらに、自然への尊敬の念に関して、今日の私たち（"we, us"）に言及している。この "we, us" は、包括の "we" で、John Kelly 自身と授業を受けている生徒、およびオーストラリア先住民以外の現代人を指示していると考えられる。つまり、オーストラリア先住民（"they, their"）と現代人（"we, us"）が二項対照化されている。第1段落では、"primitive"・"ancient" と "modern" が抽象的な二項対照として表象されたが、ここでは、この二項対照化がオーストラリア先住民（"they"）と現代人一般（"we"）として"人間化"されて対照化されている。また、"we" の包括範囲という視点からみて、ストーリーの展開につれて、それまでの教室内の we- 共同体から、現代人一般にまで抽象化・一般化が進んでいることがわかる。なお、フェアクラフ（2012: 217）は、名詞化との関連で、この抽象化・一般化について「……差異を消し去り、さらには差異を抑圧することさえ可能である。それらはまた、行為作用を、それゆえ責任を、そして社会の分断を、曖昧にすることができる。」と述べている。

　第5文は、前提という視点からみて興味深い。"reminds us of the wisdom" と "we tend to forget" における "remind" と "forget" は、叙実的動詞（factive verb）で、命題の前提が存在し、しかもそれが真であることが、これらの動詞によってマークされている。この場合、叙実的動詞が、＜自然は尊敬すべきものである＞という命題が前提であり、真である（と John Kelly が信じている）ことを示している。

さらに、この一文の "we tend to forget" は、価値評価とも関係している。私たちが、忘れる傾向にあるという言い方は、忘れてはならないという価値がその前提にあると考えられる。このことから、"they" のほうが "we" よりも高く評価され、すでに指摘した "primitive" と "modern" に関する評価の逆転が生じている。この例は、フェアクラフ（2012: 250）が、これを「価値がしばしばテキストにより深く埋め込まれている」と述べている**前提とされる価値**の一例であると考えられる。もちろん "the wisdom" という語彙に直接的に肯定的価値が表象されている。

　John Kelly は、次の第6、7文でドリームタイムの時間論に言及する。"Dreamtime has little to do with our ordinary ideas of time.（ドリームタイムは、私たちの通常の時間概念とはほとんど関係がありません。）Past, present, and future all combine, just as in our dreams.（過去、現在、未来の全体が、私たちの夢のなかとまさに同じように融合されています。）" 第6、7文の説明を聴いた生徒のなかには、"Dreamtime" が＜非現実的＞なものであるという表象的意味を汲み取ってしまうかもしれないと John Kelly は恐れてか、第8文で、そのような解釈を次のように否定語を使用しないで否定している。"Dreamtime is reality for Aborigines and it continues to shape their world.（ドリームタイムは、オーストラリア先住民にとっては現実で、彼らの世界を形成し続けています。）" もしこの解釈が正しいなら、John Kelly には生徒の語られていない「声」が聞こえていて、その「声」に答えたことになる。つまり、John Kelly は、生徒と沈黙の**対話**をしながら、授業を進めていることになる。フェアクラフ（2012: 68）は、このようなケースの「声」に近いものとして「独白」的なテキストに言及している。なお、フェアクラフ（2012: 68）は、対話性の問題を「声」という用語を用いて分析することは、「テキストにおける個々人のさまざまな『声』の共存に、関心を促すうえでも有用である」と述べている。

　ここでも "our (= we)" が2回使われ、オーストラリア先住民と現代人が二項対照的に扱われている。そして、議論は最後に世界観にまで到達し、"To them, the world is an unbroken circle.（彼らには、世界は完全な円なの

です）"というかなり抽象的な結論（命題）でこの段落を閉じている。この命題の提出は、少し唐突で、多くの生徒には意味不明だと考えられる。では、John Kelly は、なぜこのように唐突に、抽象的な命題を提出したのだろうか。おそらく、「問題設定」という行為的意味があると考えられる。このことは、次の段落で明らかになると思われる。

3-8　第8段落

　この段落は、前段落のオーストラリア先住民の世界観を受け、"We may find it strange that they think of reality this way.（彼らが現実をこのように考えていることを、私たちは奇妙に思うかもしれません。）"と、私たち現代人の彼らの世界観への一般的印象に言及している。その理由を、"We tend to believe that the world is made up of separate things.（私たちは、世界は分節された事物によって構成されていると信じる傾向にあります。）"と第2文で述べている。

　この2文で、John Kelly は、"they = Aborigines" と包括の "we（'they' 以外の現代人）" を対照化し、世界観についての人びとの「声」を聞き、議論＝対話をしているのである。ただし、"may" と "tend to" というモダリティ表現を用いて、議論の対立の先鋭化を押さえ、緩和化しているようである。

　ここまでの議論から、前段の "unbroken" が、"separate" と対照的に用いられていると考えられる。そして、John Kelly は第3文で、"Yet, modern science suggests that things are somehow combined and that reality is not so clear-cut as we believe.（しかし、現代科学によれば、ものごとは、どうも結合されていて、現実は私たちが考えているほどはっきりしているわけではないようです。）"と、現代科学の考え方を抽象的に説明し、それとオーストラリア先住民の世界観との近似性を暗示している。ただし、ここでも、"suggest"、"somehow"、"not so"、"believe" などのモダリティ的な表現が多く使われている。なお、"unbroken" と "combined"、"separate" と "clear-cut" が、それぞれ同義的に用いられているようである。

　第8段の最後の第4文は、"the very old ideas of the 'primitive' people are very close to those of modern science.（その「未開の」人びとの非常に古い考えは、現代科学の考えにかなり近いのです。）"である。ここで、現代科学の考え方とオーストラリア先住民の考え方の近似性を断言している。ここでは、今までのモダリティ的な表現の多用が影を潜めている。今までの文章を教科書として読んでいる生徒は、第 1 段を読んでいるので、この 1 文が第 1 段の "Some ancient art by 'primitive' people looks very modern." の言い換えであることに気がつくであろう。一般的に流通している＜"primitive"／"modern"＞という差異性が消滅し、両者が節合され、ほぼ等価化されたのである。

　今までの説明によって差異が覆され、解消されたことになる。このことは、次の第 3 部のテーマである差別と対立の歴史、そしてその和解を、ディスコースとして象徴的に示していることになる。

　さて、テクストを教科書として読んでいる生徒は、第 2 段から第 8 段までを、第 1 段で設定した問題の解決に至る "証明" 過程として読み、上記の文によって、John Kelly が、"解決" したと考えるであろう。

　いっぽう、John Kelly の授業を受けている生徒は、第 1 段を「読むこと」ができないので、その「聴き方（読み方）」はまったく異なっている。生徒たちは第 2 段から第 8 段までの説明から、第 4 文で示されている命題を受け入れるように導かれたと感じるであろう。教科書として読んでいる生徒のなかには、問題が解決されたので、ここでテクストは閉じられるであろうという予期をいだいている者もいるであろう。ジャンルの混合が、異なった複雑な「読み・解釈」を可能にしているのである。

3-9　第 9 段落

　第 3 部は、第 9 段の "Now let's take a brief look at the history of Aborigines.（では、オーストラリア先住民の歴史を簡単に眺めてみましょう。）" から始まる。まず、この "Now（では）" は、第 2 段で説明した「フレーム」である。さらに、"Now" に続く文は、この後展開される話の内容を概括的に説明しているメタ陳述で、「フォーカス」である。このフレームとフォーカス

によって、授業を受けている生徒と教科書の読者は、新しいディスコースが開始することを認識するであろう。この第1文のフレームとフォーカスが持っている行為的意味によって、さらに "the history of Aborigines" の表象的意味から、今までのテーマから別のテーマに移行することが認識されるのである。テーマの移行は、**ディスコース群**（本書収録論文の「ミステリー小説をフェアクラフ理論によってメタ分析する」参照）の移行でもある。

　テクストのなかに、複数のディスコース群が存在するとき、それぞれのディスコース群をいかにして同定したらよいかという問題がある。この点についてフェアクラフ（2012: 195–6）は、ディスコース群を二つの "要素" つまり「(a) 世界のある特定の一部分を表象するもの」と「(b) ある特定の視点からその一部分を表象するもの」に分けている。前者は、簡単に言い換えれば「特定の事象」、後者は「特定の見方」となろう。この第9段の第1文において、「特定の事象」が「歴史」に移行することが宣言されているので、新たなディスコース群、つまり「歴史」の開始が、読者に認識されることになるであろう。このように、第三部の開始が、表象的意味と行為的意味において表現されている。

　第2文は、"In 1988, Australia celebrated 200 years of settlement, but Aborigines had little to celebrate.（1988年にオーストラリアは植民200年を祝いましたが、オーストラリア先住民は祝うことはほとんどありませんでした。）" で、ここでは、< Aborigines（人）／ Australia（国）>という新しい対立関係（二項対立構造）が表象され、設定されている。今まで、さまざまな差異（どちらかというと対立関係というよりは対照関係）が表象されてきたが< Aborigines ／ Australia >という対立関係は初めてである。第1段では、< "primitive"・"ancient" ／ "modern" >という差異の前提が表象されるが、第8段でこの前提は覆され、< "primitive" ≒ "modern" >であることが示される。そして、新たなディスコース群の設定が必要になったのである。第3部になって別の差異が設定され、そのディスコース群の基本構造である差異構造も大きく変更されたのである。つまり、新しい「特定の見方」が採用されたということもできる。

新しいディスコース群として採用されたのが歴史ということもあってか、時制も過去形に変わっている。さらに受動態が多く使われるようになる。受動態の使用は、「特定の見方」と関わる問題であろう。次段で説明するが、第3部はオーストラリアの歴史がテーマだが、とくにオーストラリア先住民に対する差別・迫害という「特定の見方」からのもので、これがとくに態と関わってくる。このように、時制や態の移行・変更によっても、読者は新しいディスコース群に移行したことを認識することになるであろう。

　さて、このように大きな変化が宣言されたはずなのに、次にみるように不思議なことが生じるのである。< Aborigines ／ Australia >という二項対立構造が設定された直後に、それが隠されてしまう。これは次の第3文の"Discovered' around 1700, Aborigines were pushed out of their land, called 'savages,' and even killed.（オーストラリア先住民たちは、1700年頃「発見されて」以来、その土地から追われ、「野蛮人」と呼ばれ、殺されさえしました。）"をみれば明らかであろう。この文は受動態で、誰が "discover"、"push out"、"call"、"kill" したかが明示されていない。つまり、二項対立構造が曖昧・緩和化されている。歴史を扱っている第10段の多くの文も受動態によって構成されているので、この曖昧化は、歴史記述全体に広がっているといえる。

　これらの動詞は、目的語をとることができる他動詞（句）なので、文法の枠組みにおいて主語と目的語として二項対立的に構造化することができたと思われるが、そのように構造化されていない。つまり、フェアクラフ（2012: 16）が指摘しているように、受動態によって「作用者を省略」したことになる。なぜ、作用者（動作主）が省略されたかは、さまざまな理由が考えられるが、井上（1966: 901）が挙げている理由のなかの「主語が不明か、容易に表わしにくいとき」と受動態の「主語に多くの関心が持たれるとき」ということも考えられるが、イエスペルセン（1963: 142）のいう、「能動の主語を挙げない特別の理由（巧みな配慮あるいは細心の心づかい）がある場合」も十分可能性がある。対立が先鋭化することを避けようという「配慮」、「心づかい」も理由の一つなのかもしれない。

ともあれ、第2文で明示化された二項対立構造が、それに続く第3文以下では、一つの例外があるが、結果的に対立が曖昧・緩和化されていると考えられる。別な言い方をすれば、対立構造が**背景化**されている。なお、フェアクラフ（2012: 219）は、「背景化（backgrounding）」について「テクストのある箇所では言及されているが、それ以外の一箇所あるいは複数の箇所で、推量しなければならない。」と説明している。

　上で指摘した対立構造の曖昧・緩和化が事実ならば、John Kelly は、受動態によって、＜対立はよくない＞という彼の立場（心的態度）、つまりアイデンティフィケーション的意味を表現していると考えることが可能であろう。

　なお、ここでも二つの単語（"Discovered" と "savages"）に scare-quote（注意の引用符）が付され、John Kelly のアイデンティフィケーション的意味、つまり＜このようなことばは不当で使いたくない＞という、これらのことばに対する心的態度が示されていると考えられる。

3-10　第10段落

　この段落でも、二項対立構造という点から考えると、第9段と同じテクスト構造がみられる。John Kelly は、第1文で、"Between 1910 and 1971, the government took thousands of Aboriginal children from their families and brought them up in white communities.（政府は、1910年から1971年にかけて、何千人ものオーストラリア先住民の子どもたちを家族のもとから連れ去り、白人の居住地で育てました。）" と述べ、すでに設定した＜Aborigines（人）／Australia（国）= the government（政府）＞の二項対立構造が繰り返し構築されている。

　しかし、その直後の第2文は、"It was hoped that they would be educated and 'civilized.'（子どもたちが教育され、「文明化」されるであろうという希望のもとに行われました。）" と受動態が用いられ、誰が "educate" し、"civilize" したかが明示されず、二項対立構造が曖昧化・緩和化されている。さらに、誰が "hope" したのかも明示されず、一般化されている。このように、第9段と同様に、まず二項対立構造が表象レベルで明示化され、それ

が、緩和化されるというテクスト構造が繰り返し構築されている。同じテクスト構造が繰り返されているということには、やはりなんらかの意図があるはずであろう。厳しい歴史的二項対立構造は事実であり、その事実を事実として受け止めるべきであるが、それを先鋭化させてはならない、という考えを John Kelly が持っていて、それがテクスト構造に表現されている、と筆者は考えている。

次に続く第 3 文の "However, this plan ended up only destroying their traditions.（しかしながら、その計画は先住民の伝統をたんに壊す結果に終わりました。）" も興味深い。この文の主語は、"the government" から "this plan" に置き換えられ、"the government" の責任が曖昧になっている。

さらに、次に続く第 4 文も置き換えという点で興味深い。John Kelly は、"The fact that they were cut off from the land meant a lot for them, because the land was where their people's spirit and soul had been grounded.（彼らがその土地から切り離されたという事実は、彼らにとって重大な意味を持っていました。というのは、土地というのは、人びとの精神と魂が根付いている場所だからです。）" と述べている。結論から言えば、第 1 文と第 4 文のあいだで、二つの置き換えが行われている。能動態（"took 〜 from"）が受動態（"be cut off from 〜 "）に、"families" が "land" に置き換えられているのである。前者の置き換えによって、能動態の主語が隠されることになる。また、後者の置き換えによって、家族という日常的で具体的な問題から、土地を媒介にして精神という抽象的な次元の問題に移行している。

フェアクラフ（2012: 217）は、「一般化と抽象化は、……、差異を消し去り、さらには差異を抑圧することさえ可能である。」と述べているが、ここでは＜ Aborigines（人）／ Australia（国）＞という二項対立構造の差異を「消し去る」準備が行われていると考えることができる。

3-11　第 11 段落

この段落では、Archie Roach という人気の高いオーストラリア先住民ミュージシャンの "the pain of this 'Stolen Generation'（この「盗まれた世代」

の苦悩)"についての話がイタリック体で引用されている。文脈から考えれば、「盗まれた世代」とは、第10段で述べた、家族から連れ去られた子どもたちのことを指しているようである。Roach は *"The sun is round, the moon is round ― your life journey goes round in a circle too.(太陽は丸く、月も丸く、人生の旅路も円を描いて回る。)"* と話した後に、*"But, if the circle is broken, then you don't know which way to go. You're drifting in space, you're nowhere. (しかし、もしその円が壊れているなら、みんなは、どっちに行ったらいいのかわからない。みんな宇宙を漂い、どこにもいない。)"* と述べている。おそらく、「盗まれた世代」の人びとは、伝統的な世界観を失い、アイデンティティを失っているというのである。この非常に抽象的、哲学的な話は、第2部の第7段、とくにオーストラリア先住民の世界観の根本概念である "unbroken circle(完全な円)" とつながっているようである。第3部を、第2部とは異なったディスコース群と考えていた2種類の聞き手・読者は、ここで異なったディスコース群が節合されたと感じているだろう。つまり、彼らの頭のなかで、第2部のドリームタイムのディスコース群が、第3部の歴史のディスコース群に節合されたと考えられる。

　John Kelly は、なぜオーストラリア先住民の有名な音楽家の話を引用したのだろうか。ここまでの彼自身の説明の信憑性の高さを示すため、という理由は十分考えられるであろう。しかし奇妙なのは、すでに指摘したように Roach の話が抽象的で哲学的であることだ。第10段の記述内容は、具体的とはいえないが、それほど抽象的ではない。ところが第11段の Roach の話には、最高度の抽象性を感じる。John Kelly は、なぜこのような抽象性に満ちた話を引用したのだろうか。それは、**"節合の条件"** と関係しているかもしれない。フェアクラフ (2012: 191) は、ディスコース群を節合という視点から考えて次のように述べている。

> ……ディスコース群は、一般性のもっとも低いレベル、つまり、特定のもっとも限定的なディスコース群のレベルを除いて、それ自身がある仕方で節合された他のディスコース群の組み合わせとして見ることができ

る……。

　この一文の「一般性のもっとも低いレベル、つまり、特定のもっとも限定的なディスコース群のレベルを除いて」が、筆者が考えている"節合の条件"である。つまり、節合は、比較的抽象性・一般性が高いレベルで行われると、フェアクラフは考えているようである。すでに引用したように、「一般化と抽象化は、……、差異を消し去り、さらには差異を抑圧することさえ可能である」ために、抽象性・一般性を高めることによって、節合が容易に行われると考えられる。第2部（とくに第7、8段）の表象の抽象性・一般性と近いレベルの抽象性・一般性を第11段で作り上げ、そうすることによって節合が可能になり、一つのディスコースとしてまとめ上げることができるからであろう。具体例を挙げれば、第7段の"unbroken circle"と第11段の"*your life journey goes round in a circle*（人生の旅路も、円を描いて回る）"の節合である。この11段の抽象的な話と、それ以前のさまざまな説明とが、聞き手の頭のなかで節合されることが期待されていると考えられるし、そのようにテクストが作られているに違いない。

　もう一つ重要な理由があると考えている。抽象的であることは、具体性を隠すことでもある。＜Aborigines（人）／Australia（国）＞の二項対立構造のなかで、Aboriginesが受けた差別や迫害には筆舌に尽くせぬものがあったであろう。そのような具体的な表象が多くなれば、必然的に二項対立構造は前景化し、次の第12段で述べる"和解"につなぐことが難しくなるのである。おそらく、今まで述べたようなさまざまな理由によって、Roachの話が引用されたと考えられる。

3-12　第12段落

　第9、10段では、オーストラリア先住民への差別の歴史が語られ、それがもたらした結果が、第11段でオーストラリア先住民の声によって話された。この第12段では、それまでの対立の歴史から和解の歴史へとディスコース群が移行する。

第 12 段は、"In recent years there has been a movement to bring Aborigines and other Australians together.（近年、オーストラリア先住民と他のオーストラリア人のあいだの和解への動きがあります。）" で始まる。この段落に至って、第 2 段で設定された＜Aborigines（人）／other Australians（人）＞と同じ二項構造に戻ってくる。ただし、第 2 段では "対照" 構造であったが、この段落における前提は "対立" 構造である。二項の形式的構造は同じだが、その質はまったく異なっている。前提として対立があるから、和解が必要になる。

　興味深いのは、明確な二項対立構造が表象されている第 9 段の第 2 文である。そこでは、＜Aborigines／Australia＞という、＜人／国＞の対立であった。しかし、和解のディスコース群になった第 12 段では、＜Aborigines／other Australians＞という＜人／人＞に対立の次元が移行している。和解は、国と人間ではなく、人と人のあいだで行われるという表象（イメージ）を John Kelly は持っているようである。

　次に、"Since the 1970s large areas of land have been returned to Aboriginal control.（1970 年代以来、広大な地域の土地がオーストラリア先住民の管理下に戻されてきました。）" が続く。この第 2 文でも、受動態のため行為者が示されていない。さまざまな行為者が返還したために、明示できないのか、それともその他の諸事情の理由から明示しなかったのか不明である。

　また、"returned（戻された）" という語彙選択は、一考に値する。まず、戻された土地の管理は、元々オーストラリア先住民のものという前提があるから、"returned" という語彙が選択されたと考えられる。さらに、その土地の管理を能動的な動詞（句）、たとえば "got back（取り戻した）" という表現ではないことも重要である。たとえば、和解運動に積極的に係わっていたオーストラリア先住民がいたとして、その成果として土地（の管理）を "got back" したという表現も十分ありえたであろう。つまり、"returned" という表現から、オーストラリア先住民が受動的人間として位置づけられているのである。

　この段落の最後の第 4 文は、"As more Australians come to learn and appreciate Aboriginal culture, they want to compensate Aborigines for what happened in the past.(より多くのオーストラリア人が、オーストラリア先住民の文化を学び、その真価を認めるようになり、彼らは過去に生じたことについて先住民に対して償いたいと思っています。)"である。この文のなかで興味深いのは、"Aboriginal culture"と"what happened in the past(過去に生じたこと)"である。前者は、第1部で扱われた絵画および第2部で言及されたドリームタイムを指していると考えられる。後者は、第3部で扱われたオーストラリア先住民に対する政府などによる差別・迫害等のことであろう。この文で第1、2、3部の関係が明確になり、もしくは、関係づけられ、テクストの**首尾一貫性(coherency)**が確認されるのである。

　フェアクラフ(2012: 95)は、テクストに意味論的な首尾一貫性(coherency)を認めている。つまり、テクストというのは、意味に関して整合的で首尾一貫していると考えている。フェアクラフ(3012: 93)は、その首尾一貫性と「前提」との関係にも着目し、「あるテクストが『首尾一貫した意味をもつ』ために必要な、テクストの各部分の首尾一貫したつながり、つまり、『橋(bridge)』を生み出す、『橋渡しの前提(bridging assumptions)』」について言及している。この首尾一貫性を形成している**橋渡しの前提**には、おそらく＜オーストラリア先住民の文化は優れている＞という命題の前提があると考えられる。テクストの首尾一貫性を維持するこの前提は、当然ながら基本的な前提でもある。この基本的な命題の前提は、第7段第5文で言及した「前提とされる価値」でもある。この命題と価値の前提という強固な橋渡しの前提によって全テクストの首尾一貫性を確認し、そのことによってJohn Kellyは自分の主張を要約しているのである。

　なお、"what happened in the past"では、行為者が明示化されていないばかりか、非常に曖昧で、抽象的な表現になっている。さらに、"happened(生じた)"という語彙選択も興味深い。本来、政府などによる差別等は、人為的なものであったはずであるが、自動詞を選択したことによって、事象が自然に生じたように表象されている。過去の歴史を曖昧化・緩和化した表現となっている。この第4文のテーマは和解である。このようなディスコー

ス群のなかで、対立を強調することになる具体的な悲惨な歴史は曖昧化・緩和化されなければならなかったと考えられる。

　全テクストのなかで、もっとも興味深いことばの使い方の一つが"they want to compensate Aborigines"の"they"である。この"they"は、（他の）オーストラリア人を指していると考えられる。ところが、第1部の第2段から第3部の第10段までの"they"は、基本的にはオーストラリア先住民を指している。つまり、このテクストの"they"の指示対象は、ほとんどがオーストラリア先住民であったが、和解を機に突然変更されたのである。

　John Kelly は、包括の"we"をしばしば用いている。第1部の「先生／生徒」関係が強く意識されている場面では、生徒を含む"we"を用いている。第2部になると、John Kelly は、現代人全体を含む"we"を用い始める。このように、John Kelly が"we"を幅広く用いる教師であるなら、第4文を"we want to compensate Aborigines"（下線は筆者）という選択もありえたであろう。John Kelly は、なぜ"we"ではなく、"they"を選択したのであろうか。

　もし John Kelly が、"we"を使用したなら、そのとき、歴史に関して強い責任を感じていることになるだろう。しかし、そこまでの責任は感じていないのかもしれない。彼が1970年代以降に生まれ、和解の諸策が実際に実行され、オーストラリア先住民に対する差別の歴史を学校などで学んだ世代なのかもしれない。もしそうなら"we"という選択をしない可能性はあるだろう。さらに、包括の"we"を用いたとすると、授業を受けている生徒までもが含まれると解釈される可能性があり、そういった誤解を避けるため、という理由も考えられるかもしれない。

　また、英語の文法、つまり前方照応性という単純な理由に求めることもできる。先行する"more Australians"を、たんに前方照応的に受けているという解釈である。"they"の選択の明確な理由は不明だが、この選択に John Kelly のアイデンティフィケーション的意味が示されているのかもしれない。

3-13　第 13 段落

　最後の段落の第 1 文は、"Aboriginal art can be seen as a way to overcome pain and discrimination and express the meaning of life.（オーストラリア先住民の芸術は、苦悩や差別を克服し、生きる意味を表現する方法として考えることができます。）"で始まる。この 1 文には、第 12 段の第 4 文以上に、John Kelly によるオーストラリア先住民の絵画、ドリームタイム、歴史、現代の和解等の説明がほぼすべてが入っている。これは要約と考えることができる。Sinclair and Coulthard (1975: 39)によれば、終結 (conclusion) は、今まで行ってきたことを要約 (summarize) する特別な陳述であると述べている。いよいよ John Kelly の授業も終わりに近づいている。もし、この第 1 文を要約と理解した生徒たちがいたなら、その生徒たちは、＜そろそろ授業が終わる＞という行為的意味として捉えているかもしれない。

　なお、この段落においては、文法的操作などによって行為者が曖昧化されている。たとえば、"seen"、"overcome"、"express"するのは誰かが曖昧である。また、"discrimination"は、オーストラリア先住民が今まで受けてきた差別を指しているが、**名詞化**され、「人間の行為作用を省略してプロセスに対する責任を回避させ」ている（フェアクラフ 2012: 16）。名詞化によって、行為者とその責任等が削除されてしまうのである。また、"pain"も興味深い。第 10 段では、"the pain of this 'Stolen Generation'（この「盗まれた世代」の苦悩）"と、定冠詞が付いた限定的な「苦悩」である。しかし、この段落の"pain（苦悩）"には、定冠詞がなく、一般化され、抽象化されている。

　最終文では、"It is an art of living.（それ（先住民の芸術）は、生きることを表現する芸術である。）"と、芸術の重要性について述べて、全体のテクストを締めくくっている。この段落には、最後の段落のためか、まとめよう、もしくは幕を閉じようとする力が働いているようだ。その方法は、表象に強く依存している。たとえば、第一に、今まで具体的に述べてきたことを、かなり抽象的で、一般的な表現でまとめている。第二に、二項対立的構造が影をひそめ、"overcome"などの語彙選択とあいまって、融和が成立したことが

暗示されている。第三に、"life" と "living" という人間にとっての根源的な語彙が選択されている。さらに、表象以外の方法も用いられている。モダリティ的な表現ではなく、命題的・断言的な表現が用いられ、自信に満ちたアイデンティフィケーション的意味が示されている。

4　おわりに――フェアクラフ理論による深い理解

　中高のリーディングの授業における英文解釈では、ここでいう表象的意味の解釈が主流であろう。しかし、フェアクラフ（2012）の理論を用いることによって、行為的意味、アイデンティフィケーション的意味そして著者のディスコース戦略等を考えることが可能になり、それらも一つの重要な「英文解釈」であろう。このような解釈によって、より深いディスコースの世界を生徒とともに考え、議論する機会が増えることを望んでいる。

参考文献
イエスペルセン、O.(1977)（中島文雄訳）『英文法エッセンシャルズ』（第 15 版）. 東京：千城出版.［原著：Jespersen, O. (1933) *Essentials of English Grammar*, London: G. Allen & Unwin.］
スコールズ、R.(1992)（高井宏子ほか訳）『スコールズの文学講義―テクストの構造分析にむけて―』東京：岩波書店.［原著：Scholes, R. (1974) *Structuralism in Literature: An Introduction*, New Haven: Yale University Press.］
ハリデー、M.A.K.(2001)（山口登・筧壽雄訳）『機能文法概説―ハリデー理論への誘い―』東京：くろしお出版.［原著：Halliday, M.A.K. (1994) *An Introduction to Functional Grammar*, 2nd edition, London: Edward Arnold.］
バルト、R.(1973)（沢崎浩平訳）『S／Z バルザック『サラジーヌ』の構造分析』みすず書房.［原著：Barthes, R. (1970) *S/Z*, Paris: Éditions du Seuil.］
フェアクラフ、N. (2012)（日本メディア英語学会メディア英語談話分析研究分科会訳）『ディスコースを分析する―社会研究のためのテクスト分析―』東京：くろしお出版.［原著：Fairclough, N. (2003) *Analysing Discourse: Textual Analysis for Social Research*, New York: Routledge.］
フェアクロー、N. (2008)（貫井孝典監修、他訳）『言語とパワー』大阪：大阪教育図書.［原著：Fairclough, N. (2001) *Language and Power*, 2nd edition, London: Longman.］
メイナード・K・泉子 (2005)『談話表現ハンドブック―日本語教育の現場で使える―』

東京：くろしお出版.

ラクラウ、E.・ムフ、C.（2012）（西永亮・千葉眞訳）『民主主義の革命―ヘゲモニーとポスト・マルクス主義―』東京：筑摩書房.[原著：Laclau, E. and Mouffe, C. (2001) *Hegemony and Socialist Strategy: Towards a Radical Democratic Politics*, 2nd edition, London: Verso.]

Labov, W. (1972) 'The transformation of experience in narrative syntax', in J. Helm (ed.) *Language in the Inner City*, Philadelphia: University of Pennsylvania Press, 354–96.

Sinclair, J. McH. and Coulthard, R. M. (1975) *Towards an Analysis of Discourse: the English Used by Teachers and Pupils*, London: Oxford University Press.

辞典

荒木一雄・安井稔（編）（1992）『現代英文法辞典』東京：三省堂.

井上義昌（1966）『A Comprehensive Dictionary of English Grammar（詳解　英文法辞典＜縮刷版＞）』東京：開拓社

分析資料

霜崎實ほか（2008）「Dreamtime ─ Australian Aborigines and the Art of Living ─」『CROWN English Series [Ⅱ]　New Edition』東京：三省堂、17–22.

索　引

C
CDA（Critical Discourse Analysis）38, 41, 81, 103–107, 109, 111, 140, 146, 148, 175
　→批判的ディスコース分析、批判的談話分析
　CDA の原則　103

I
I　182
Iedema, R.　100
intertextuality　42　→間テクスト性

L
Lakoff, G. and Johnson, M.　111

T
they　107, 189–191, 201

W
we　85, 89, 107, 108, 185, 186, 189, 190, 201
we- 共同体（we-community）85, 89, 123, 186, 189

Y
you　47, 182, 186, 187

あ
アイデンティティ（identity）8, 21, 24, 39, 83, 87, 99, 105, 107, 119, 123, 125, 131, 133, 141, 142, 146, 171, 197
アイデンティフィケーション（identification）170, 203
アイデンティフィケーション的意味（identificational meanings）7, 9, 12, 14–16, 21, 22, 24, 26–29, 32, 34, 175, 178, 182, 184–186, 195, 201, 203
曖昧性（ambiguity）13, 14, 189, 194–196, 200–202
アンダーソン、ベネディクト（Anderson, B.）104, 105

い
一般化（generalization）45, 47–49, 51, 54, 56, 188, 189, 195, 196, 198, 202
　→特定 / 一般
イデオロギー（ideology）18, 40, 42, 103, 104, 111, 140
違反・逸脱（infraction or deviation）1, 14, 15, 17–19, 28, 30–33
意味（meanings）13–17, 24, 26, 29, 30–32, 141
意味論的関係（semantic relations）41, 83
インフォーマル化（informalization）61, 62, 73, 74, 76, 78, 79
隠蔽（suppression）13, 117, 119
　→社会的行為者
隠喩（metaphors）84, 111
　→メタファー、認知メタファー理論、語彙的隠喩

う

ウェブサイト（website）42, 43
ウェブページ（webpage）37, 40, 42, 47, 59

お

オーサー（authors）142–146, 148, 154–157, 159–172, 178
男らしさ（masculinity）104, 106, 107, 112, 125
女らしさ（femininity）104, 106
　　→女性性

か

概念メタファー（conceptual metaphors）127 →認知メタファー理論
カオス化（chaos）1, 33
　　→ディスコースの秩序
価値（values）83, 84, 95, 97, 100, 101, 103, 142, 145, 146, 163, 164, 167, 168, 179, 190
価値の前提（value assumptions）40, 89, 145, 155, 163, 164, 167, 168, 171, 178, 179, 200
過程（processes）83, 144, 145
過程のタイプ（process types）
　　関係過程（relational processes）83, 145
　　心理過程（mental processes）14, 83, 84, 144, 145
　　存在過程（existential processes）83
　　発言過程（verbal processes）83
　　物質過程（material processes）83
ガバナンス（governance）79
関係過程（relational processes）
　　→過程のタイプ
感情に関わる心理過程（affective mental processes）145
間接伝達（indirect reporting）69, 70, 71, 78, 158, 162, 164
間接話法（reported speech）72
間テクスト性（intertextuality）42, 61, 90, 159
緩和化（mitigation）191, 194, 195, 200, 201

き

記号現象（semiosis）7, 140, 141
記号作用（semiosis）38, 39
義務モダリティ（deontic modality）84, 100, 144, 145, 162, 165, 167, 171
　　→モダリティ、認識モダリティ
教化（inculcation）142, 171

け

言語（language）3, 12, 30
　　定義　4

こ

語彙的隠喩（lexical metaphors）111
行為（action）5, 12, 14, 24, 25, 34, 35, 39
行為的意味（actional meanings）7, 11, 12, 32, 33, 85, 175, 177, 181–186, 191, 193, 202, 203
行為の仕方（ways of acting）7, 12, 15, 33, 176
声（voices）91, 93, 95, 143, 157, 158, 160, 162, 164, 169, 170, 177, 190, 191
個人的（personal）／非個人的（impersonal）40

さ

差異（difference）1, 18, 31–33, 61, 76, 79, 91, 95, 100, 178, 179, 186, 183, 189, 192, 193, 196, 198
作用化（activation）／被作用化（passivation）
作用化（activation）50, 51, 56
参与者（participants）40, 110

し

ジェンダー（gender）41, 63, 78, 103–106, 108, 109, 115, 125, 127, 128, 132, 134
　定義 104
事実の陳述（statements of fact（realis statements））83, 84
社会記号論（social semiotics）144
社会構造（social structures）5, 15, 17, 20, 21, 30, 32, 33, 38, 39, 140, 141
　定義 3, 4
社会的一体性（social cohesion）41
　→ディスコース群
社会的関係（social relations）5, 83, 141
社会的行為（social action）58
社会的行為者（social actors）37, 39, 40, 45, 47–51, 54–56, 58, 85, 86, 110, 112, 113, 117, 119, 120
　隠蔽（suppression）117, 119
　定義 110
　背景化（backgrounding）120
　排除（exclusion）120
　包含（inclusion）40
社会的実践（social practices）3, 4, 6–9, 11, 12, 14–28, 30, 32–35, 37–39, 41, 58, 110, 140, 141
　定義 5

社会的秩序（social order）141
社会的出来事（social events）3, 12–22, 26, 28, 30, 32, 38–40, 82, 140, 141
　定義 4, 5
社会的プロセス（social processes）38, 39, 140, 179
社会的要素（social elements）5, 30, 140
社会分析（social analysis）1, 2, 10–12, 14, 16, 17, 19, 20–22, 26–28, 30, 31, 33
ジャンル（genres）6, 9, 11, 12, 14–16, 18, 19, 22, 24, 30, 32–35, 39, 100, 141, 171, 176, 177, 180, 181
　定義 7
ジャンルの混合（genre mixing）177, 180, 184, 192
自由直接話法（free direct speech）131
主語（subject）89, 117–122, 182, 194, 196
受動態（passive voice）52, 73, 194, 195, 196, 199
首尾一貫性（coherency）200
主役－敵役（protagonist-antagonist）91, 100
焦点化（focalization）76, 77
叙実的（factive）45, 189
　定義 187
女性性（femininity）132 →女らしさ
シンクレアとクールタード（Sinclair, J. McH and Coulthard, R. M.）180, 202
新自由主義ディスコース（neo-liberal discourse）41
心的態度（commitment）84, 86, 90, 93, 95, 143–145, 157, 159, 160, 162, 164–171, 178, 184, 195
心理過程（mental processes）83, 84

→過程のタイプ
心理述語（psychological predicate）118

す

スタイル（styles）7, 12, 14, 15, 19, 28, 30, 32, 34, 35, 39, 139–143, 148, 154, 155, 157, 159, 160, 161, 164, 165, 167–172
　定義 8
ステレオタイプ（stereotype）109, 115, 123

せ

政治家（politician）69
正当化（legitimation）41, 108
節（clauses）40, 110, 144, 160
節合（articulation）41, 44, 45, 47, 49, 52, 56–58, 140, 179, 186, 188, 192, 197, 198
　定義 5
　節合の条件（limitation of articulation）197, 198
選択体系機能文法（systemic functional linguistics）82, 143
前提（assumption）37, 40, 61, 79, 84, 145, 156, 164, 168, 178, 187, 189, 193, 199, 200
前提の主要なタイプ（types of assumption）40, 178
前提とされる価値（assumed values）81, 83, 89, 95, 190, 200
戦略的な行為（strategic action）85

そ

想像の共同体（imagined community）104, 130
存在過程（existential processes）83
　→過程のタイプ
存在の仕方（ways of being）7, 8, 28, 34, 39, 141, 142
存在の前提（existential assumptions）40, 178, 182

た

代名詞（pronoun）/ 名詞（noun）40, 110
対話（dialogue）190, 191
対話性（dialogicality）61, 93, 190

ち

注意の引用符（scare-quotes）81, 86, 91, 93, 99, 100, 177, 182, 184, 195
　定義 86, 177
抽象化（abstraction）189, 196, 198, 202
抽象性（abstractness）197, 198
抽象的（abstract）4, 5, 7, 140, 155, 163, 189, 191, 196–198, 200, 202
直接伝達（direct reporting）64, 66, 67, 69–72, 75, 78, 158, 159
直接話法（direct speech）118, 176
陳述（statements）83, 145, 167

て

ディスコース（discourse）1, 5–7, 15, 26, 33, 34, 38, 39, 41–59, 81, 87, 90, 92, 93, 95, 98–100, 104, 110, 140–142, 145, 155, 160, 161, 164, 168–172, 175, 184, 192, 193, 198, 203
　定義 8
ディスコース群（discourses）7, 12, 14, 15, 19, 28, 30, 32, 35, 37, 39–41, 43,

44, 57, 58, 103, 107, 109–112, 124, 133, 134, 141, 142, 158, 170–172, 193, 194, 197–199
社会的一体性 (social cohesion) 41
定義 8, 193
同定 (identifying) 193
ディスコースの秩序 (order of discourse) 3, 4, 7, 9, 15, 30, 33, 35, 39, 141
カオス化 (chaos) 1, 15, 33
定義 6
ディスコース分析 (discourse analysis) 1, 2, 10–12, 14, 16, 18, 19, 21, 22, 27–31, 33, 87, 154, 175, 176
定義 9
テクスト (texts) 3, 7, 9, 11–15, 17, 18, 24–26, 28–30, 32, 37, 39, 41–46, 54, 59, 82–86, 88, 89, 93, 99, 100, 101, 110, 117, 140–143, 145, 146, 175–180, 182, 185, 186, 190, 192, 193, 195, 196, 198, 200–202
定義 4
伝達 (reporting) 61, 64, 71, 72, 73, 78, 121, 139, 143, 162

と

等価性と差異 (equivalence and difference) 179, 186
等価化 (making ~ equivalent) 179, 186, 192
統括的個人化 (synthetic personalization) 47
特定 (specific) ／一般 (generic) 40
一般化 (generalization) 45
特定化 (specification) 45, 50, 51, 54, 56

特定的 (specific) 54
トリガー (trigger) 45, 50 →引き金

な

ナショナリズム (nationalism) 103–109, 115, 117, 123–125, 127, 130, 133, 134
ナラティブ (narrative) 61, 62, 75, 78

に

二項対照 (binary contrast) 94, 95, 100, 179, 183, 189, 190
対照 199
二項対立 (binary opposition) 193–196, 198, 199, 202
認識モダリティ (epistemic modality) 84, 144, 159, 162, 163, 167, 168
→モダリティ、義務モダリティ
人称 (person) 118
一人称 (first person) 118–123
三人称 (third person) 118–123
二人称 (second person) 118, 119
人称代名詞 (personal pronoun) 85, 107, 117, 143, 186
認知メタファー理論 (cognitive metaphor theory) 110–112
→隠喩、メタファー
理論 111
概念メタファー (conceptual metaphor) 111, 127

の

望ましい価値 (desirable values) 83, 89, 117, 118, 145, 146, 163, 164, 167, 168, 171

望ましくない価値（undesirable values）83, 117, 145, 155, 163, 164, 167, 168, 170

は

媒介（mediation）4, 5, 35, 39, 140
背景化（backgrounding）117, 120, 195
　→社会的行為者
排除（exclusion）4, 5, 24, 40, 105, 112, 117, 120, 141 →社会的行為者
発言過程（verbal processes）83
　→過程のタイプ
発話機能（speech function）83
ハリデー、マイケル（Halliday, M.）82–85, 176

ひ

引き金（trigger）145, 146, 168
　→トリガー
批判的（critical）
　定義 18, 176
批判的ディスコース分析（critical discourse analysis）1, 2, 6, 18, 82, 103, 139, 176 →批判的談話分析
　定義 18
批判的談話分析（critical discourse analysis）37, 38
　→批判的ディスコース分析
評価（evaluation）14, 70, 81, 83, 84, 89, 93, 99, 103, 117, 139, 143, 145, 146, 154, 155, 164, 166–168, 171, 190
評価的陳述（evaluative statements）83, 145, 163, 164, 167, 168, 171
表象（representations）8, 13, 14, 18, 37, 39, 40, 41, 44–46, 48–59, 77, 78, 83, 85– 87, 89, 93, 96, 99, 107, 110, 111, 115, 117, 119, 125, 134, 142, 155–157, 160, 161, 165, 169, 172, 178, 182–184, 186, 189, 190, 193, 195, 198–200, 202, 203
表象的意味（representational meanings）7–9, 11–14, 22–25, 32, 142, 175, 181, 182, 184–186, 190, 193, 203
表象の仕方（ways of representing）7, 8, 28, 141

ふ

フーコー、ミシェル（Foucault, M.）6
フェミニズム（feminism）104
フォーカス（focus）181, 182, 192, 193
不整合（mismatch）16, 17, 19, 30, 31, 33
物質過程（material processes）83
　→過程のタイプ
フレーム（frame）192, 193
　定義 180
フレーム化（framing）42, 66
文法的役割（grammatical role）110
分類（classification）111, 179

へ

ヘッジ（hedge）167, 185
弁証法的関係（dialectical relations）38, 41, 141, 142, 182

ほ

包括的"we"、包括の"we"（inclusive we）81, 85, 89, 100, 117, 185, 186, 189, 191, 201
　定義 185

包含（inclusion）40 →　社会的行為者
ホール、ステュアート（Hall, S.）5

ま

マーカー（markers）84, 144

め

名詞（noun）40, 110 →代名詞／名詞
名詞化（nominalization）189, 202
命題の前提（propositional assumptions）
　　　40, 47–50, 52, 54–56, 157, 178,
　　　179, 183, 187, 189, 200
メイナード・K・泉子　184
メタファー（metaphor）98, 99, 107–112,
　　　125–129, 134, 155, 163
　　　→隠喩、認知メタファー理論
　　定義　111
メトニミー（metonymy）111, 112, 114,
　　　115

も

モダリティ（modality）23, 24, 50, 54, 81,
　　　84, 89, 90, 97, 98, 100, 117, 139,
　　　143, 144, 146, 159, 178, 184, 185,
　　　191, 192, 203
モダリティ化（modalization）90, 144
モダリティの隠喩（metaphors of
　　　modality）
　　定義　84
問題−解決（problem-solution）180, 188,
　　　192
問題設定（question setting）179, 181,
　　　188, 191, 192

ら

ラクラウ、エルネスト（Laclau, E.）179

▼ 著者紹介

石上 文正(いしがみ ふみまさ)　編者
人間環境大学名誉教授。専門は社会・文化環境論，メディア英語。カリフォルニア州立大学・ヘイワード校，人類学大学院修士課程修了，M.A.（人類学）。
著書・論文に『空間と身体』（PMC出版），「映画『男はつらいよ』シリーズの批判的ディスコース分析と社会分析」，「結合による世界の構築」，「『雪国』の英語訳を通してみる翻訳における壁について」（いずれも『人間と環境』人間環境大学）など。

稲永 知世(いねなが ともよ)
佛教大学文学部特別任用教員（講師）。専門は談話研究・社会言語学。大阪府立大学大学院人間社会学研究科博士後期課程単位取得退学，修士（言語文化学）。
著書・論文に「Analyzing Discourses in British Parenting Magazines for Fathers in Terms of Critical Discourse Analysis (CDA)」（『時事英語学研究』49），「Analyzing Styles in a British Parenting Magazine, Junior, in Terms of Critical Discourse Analysis (CDA)」（『英語表現研究』29），『プログレッシブ英和中辞典第5版』（共著，小学館），『話し言葉の談話分析』（共訳，ひつじ書房）など。

相田 洋明(そうだ ひろあき)
大阪府立大学教授。専門はアメリカ文学・メディア英語学。京都大学大学院文学研究科修士課程修了。修士（文学）。
著書・論文に「ウィリアム・フォークナーと老いの表象」，「*TIME*誌（US版）のNancy Gibbs執筆 September 11 関連記事を読む─「われわれ」と「敵」のレトリック─」（『時事英語学研究』43）など。

高木 佐知子(たかぎ さちこ)　編者
大阪府立大学教授。専門は談話研究・社会言語学。大阪大学大学院言語文化研究科博士後期課程単位取得退学。博士（言語文化学）。
著書に *Discourse Analysis of Japanese TV Interviews: Interviewers' Strategies to Develop Conversations*（大阪公立大学共同出版会），『談話分析のアプローチ：理論と実践』（共著，研究社），『オリンピックの言語学：メディアの談話分析』（共編著，大学教育出版），『3.11原発事故後の公共メディアの言説を考える』（共著，ひつじ書房）など。

冨成 絢子(とみなり あやこ)
北海道大学大学院メディア・コミュニケーション研究院准教授。専門はジェンダーと言語の関係，批判的ディスコース分析。英国ランカスター大学でPhD（言語学）を取得。
主要論文に「震災と原発事故の新聞記事における子供の描写とジェンダーの関係」（『大みか英語英文学研究』18）など。

仲西 恭子(なかにし きょうこ)
同志社大学・関西外国語大学講師（非）。専門は談話研究，通訳・翻訳。マッコーリー大学大学院 M.A.（通訳・翻訳），ニューサウスウェールズ大学大学院 M.A.（応用言語学）。
著書・論文に『Practical Solutions for the TOEIC Test Listening』（共著，成美堂），「スポーツ記事にあらわれる主観性─日豪の新聞記事の比較を通して─」（『時事英語学研究』45）など。

ディスコース分析の実践
―メディアが作る「現実」を明らかにする―

初版第1刷――――2016年11月20日

編著者――――石上文正・高木佐知子

著　者――――稲永知世・相田洋明・冨成絢子・仲西恭子

発行所――――株式会社くろしお出版
　　　　　　　〒113-0033　東京都文京区本郷3-21-10
　　　　　　　［電話］03-5684-3389　［WEB］www.9640.jp

印刷・製本　三秀舎　　装　丁　折原カズヒロ

©Fumimasa Ishigami and Sachiko Takagi 2016, Printed in Japan
ISBN978-4-87424-711-2　C3081

乱丁・落丁はお取りかえいたします。本書の無断転載・複製を禁じます。